L'ART DE PRENDRE UN CROQUIS ET DE L'UTILISER

CORBEIL. — IMPRIMERIE CRÉTÉ.

L'ART
DE
PRENDRE UN CROQUIS
ET DE L'UTILISER

PAR
G. FRAIPONT
PROFESSEUR A LA LÉGION D'HONNEUR

Ouvrage accompagné de 50 dessins inédits de l'auteur

DEUXIÈME ÉDITION

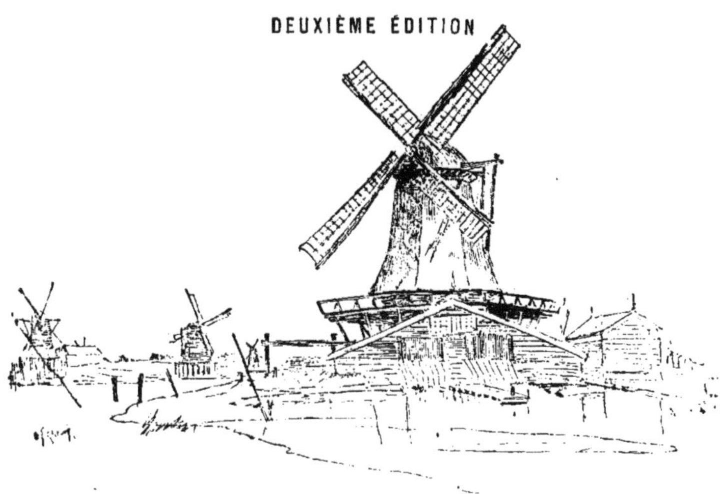

PARIS
LIBRAIRIE RENOUARD
H. LAURENS, ÉDITEUR
6, RUE DE TOURNON, 6

A

MES ÉLÈVES

De la Maison d'éducation de la Légion d'honneur

aux Loges (Saint-Germain)

INTRODUCTION

L'art de prendre un croquis!... C'est en effet un art de savoir, en quelques coups de crayon ou par quelques traits de plume, fixer le souvenir d'une chose vue ou indiquer une scène pensée.

Prendre un croquis est, en quelque sorte, au dessin fait, ce que la sténographie est à l'article rédigé... Nous parlons ici, bien entendu, du croquis succinct, du croquis rapide, car la désignation *croquis* comprend aussi des dessins d'après nature, souvent assez poussés. Nous essaierons de diviser en « genres » les différentes manières de prendre des croquis. Nous tâcherons surtout d'indiquer les moyens « pratiques » de les exécuter et de les utiliser, car le tempérament artistique et le caractère de chacun influent plus qu'on ne pense sur l'*exécution* et le *rendu*.

Les uns se préoccuperont d'aller vite ; d'autres mettront plus de temps. Certains voudront s'attacher surtout aux détails; certains autres ne considéreront que la masse, et ces croquis pris et interprétés de manières différentes pourront être bien, chacun dans « *leur note* ».

De même aussi (toujours affaire de nature, de tempérament) tel sujet ou tel motif, qui séduira l'un, laissera l'autre absolument froid.

Dans tous les cas, qu'on aille vite ou non, qu'on soit nerveux ou apathique, rien ne peut autant distraire ni intéresser que de « croquer » d'après nature... Plus on a fait de croquis, plus on en veut faire, et c'est si vrai que, pour peu qu'on ait commencé, cela devient un besoin, presque une manie, manie innocente comme la pèche à la ligne, et, certainement, tout aussi passionnante et beaucoup moins désagréable... pour les ablettes et les goujons.

L'ART
DE
PRENDRE UN CROQUIS
ET DE L'UTILISER

CHAPITRE PREMIER

OUTILLAGE

Outillage!... le mot est gros pour indiquer un bien mince bagage d'ustensiles : la plupart du temps un album ou un carton à dessin contenant quelques feuilles de papier, un crayon, puis le canif pour le tailler, une gomme à effacer et voilà!... Si l'on a l'intention de prendre des croquis « faits », si l'on aime avoir ses aises, si surtout on ne craint pas de se charger. on peut augmenter son bagage d'un pliant et d'une ombrelle à pique.

Suivant le mode d'exécution qu'on veut employer, on modifiera, bien entendu, ses outils : on prendra plumes et encre, pinceaux, gourde à eau, sépia ou encre de Chine.

S'il ne s'agit que de prendre des croquis rapides, presque des notes, le crayon et l'album suffiront. Se met-on en route avec l'intention de fixer sur son album ou de glisser dans son carton à dessin tout ce qu'on

1

rencontrera de typique ou d'intéressant (tel le chasseur se promettant de tuer, pour l'enfouir dans son carnier, tout le gibier rencontré, qu'il n'atteint pas toujours avec son fusil, alors qu'on peut toujours avec son crayon *attraper* plus ou moins bien l'endroit visé)... alors il faut se munir du bagage complet, soit un étui renfermant :

Porte-plumes, plumes,

Crayons, fusains,

Pinceaux,

Un encrier,

Une petite palette en faïence ou en zinc émaillé,

Un tube de noir d'ivoire ou un bâton d'encre de Chine,

Une gourde à eau,

Un tube de sépia.

On peut même se munir d'une petite boîte à aquarelle, si l'on veut repiquer de quelques tons (pour mémoire) les croquis que l'on prend, ce qui donne souvent de charmants effets.

(Ces objets accoladés dans le cas où l'on penserait faire des croquis au lavis.)

Il est assez difficile d'indiquer exactement le genre de crayons, de papier, etc., dont il est préférable de se servir. Là aussi la nature du « croquis » et surtout l'habitude jouent un grand rôle. Les uns aiment les crayons durs ou le papier glacé, les autres les crayons tendres ou le papier à grains... affaire de goût.

Pour ceux qui n'ont pas encore pris l'habitude de se servir d'un crayon plutôt que d'un autre et n'ont pas adopté encore tel ou tel papier, nous donnerons quelques indications ; libre à eux de modifier à leur gré.

Les crayons les meilleurs sont sans contredit les Faber, mine Alibert, n[os] BB, II-B. Ils ont l'inconvénient de coûter un peu plus cher que les autres, mais sont de beaucoup supérieurs.

Toutefois, pour prendre des croquis, les Faber ordinaires n° 2 sont parfaits aussi ; leur pâte est assez résistante pour faire toutes les finesses et exécuter tous les détails désirables, et assez tendre pour obtenir des effets de tons.

Le papier ne devra pas avoir trop de grain, mais n'être point glacé... le papier trop glacé étant rétif au crayon, lequel glisse et ne donne point les intensités de couleur auxquelles on peut arriver sur un papier légèrement grainé. Pour le dessin à la plume, au contraire, un bristol glacé est nécessaire ; le choisir aussi blanc que possible. Le meilleur que nous ayons trouvé est à la marque : A. L. N° 689.

La *gomme* : gomme Faber pour le crayon, très suffisante, dans certains cas, pour effacer même des traits à l'encre ; prenez-la aussi petite que possible pour avoir le moins possible l'envie d'effacer... un croquis fatigué par des effaçages continuels perd toute sa fraîcheur et tout son charme.

Pour le fusain choisir du fusain vénitien, du papier Ingres.

L'encre de Chine se trouve depuis quelques années toute délayée et nous évite ainsi le grand ennui de frotter pendant des temps infinis un bâton d'encre dans un godet plein d'eau... opération fort peu récréative et souvent fort longue lorsque ledit bâton d'encre n'est pas de qualité supérieure... Une bouteille d'encre Bourgeois en poche, et l'on a de quoi illustrer, à la plume, tout un volume et remplir tout un album.

Plumes : Il y en a de tant de sortes, de tant de formes, de tant d'espèces que nous sommes fort embarrassés pour indiquer les meilleures, d'autant qu'une existence entière d'artiste ne suffirait pas à les essayer toutes.

Si l'on veut faire des dessins excessivement fins il n'y a pas à hésiter, il faut prendre la Gillotts n° 290. Pour dessiner couramment les Saglier n° 00 les Braudaner n° 515 ; mais c'est dans l'emploi de la plume surtout que le tempérament et la main de l'artiste jouent un grand rôle. Le meilleur parti à prendre est d'essayer quelques plumes de numéros et de fabrications différentes et de choisir celle ou celles qui conviennent le mieux à la façon de dessiner qu'on a adoptée... Il en est des plumes à dessin comme des plumes à écrire : telles qui seront jugées mauvaises par les uns, seront trouvées excellentes par les autres.

Pinceaux : de différentes grosseurs, qu'il faudra éprouver ; s'ils sont souples et forment bien la pointe en les mouillant, prenez-les, sinon ils ne valent rien.

Les *gourdes à eau* les plus commodes sont celles s'emboîtant haut et bas dans des couvercles prenant chacun la moitié de la hauteur de la gourde et servant de godets à rincer les pinceaux.

Les *pliants* les moins encombrants sont, ou les pliants

en X recouverts de toile, ou les trépieds à pieds minces dits *pinchards*, avec siège en cuir.

L'*ombrelle* : toile grise à manche coudé, permettant l'inclinaison en tous sens, et s'emmanchant dans une canne à virole d'un bout et à pique de l'autre : cette canne se séparant en deux et se montant à pas de vis.

Tout ce bagage un peu encombrant (surtout par l'ombrelle et le pliant) n'est pratique, nous le répétons, que quand on veut prendre des croquis poussés, demandant un certain temps; ou alors pour les sybarites tenant à avoir toutes leurs aises, même quand il ne s'agit que de donner quelques coups de crayon; le croquis rapide se prend sans autant d'installation : l'album d'une main, le crayon de l'autre, debout, appuyé ou assis si une pierre bienveillante ou un tronc d'arbre obligeant se trouve là à point nommé pour servir de siège.

CHAPITRE II

CONSEILS PRATIQUES

Avant d'essayer de développer les diverses manières de prendre des croquis sur nature au dehors, nous donnerons un conseil à ceux qui n'ont jamais essayé; c'est de commencer à en faire beaucoup sur nature, chez eux!... Cela leur donnera de l'acquis et un peu d'aplomb, chose assez nécessaire; car il faut compter sur la curiosité (quelquefois l'indiscrétion) de certaines gens qui ont la manie, lorsqu'ils aperçoivent un artiste bien tranquillement occupé à travailler sans penser à autre chose qu'à son œuvre, de venir se poser derrière lui, ou même se planter carrément devant, ne se gênant nullement pour faire à haute voix leurs réflexions la plupart du temps fort peu spirituelles.

A la campagne c'est souvent tout le village que vous avez sur le dos, pères, mères, moutards, volailles, tout

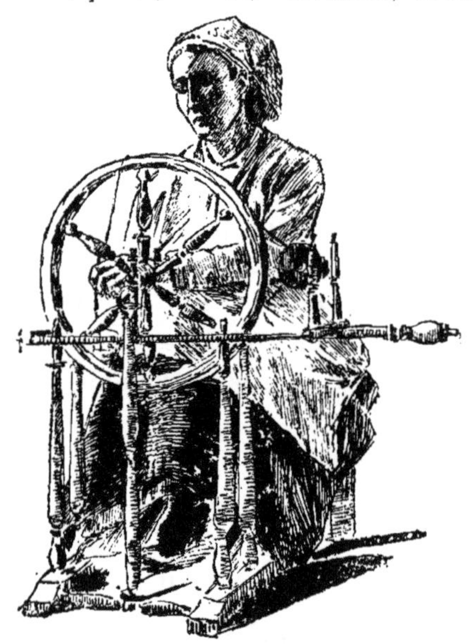

s'en mêle... C'est un envahissement! Ils se hèlent les uns les autres .. ouvrent des yeux très bêtes et des bouches très grandes et ne comprennent absolument rien à votre barbouillage ; ne voyant que le côté « pratique » des choses ils se demandent « *à quoi que ça peut bien servir* », et s'imaginent toujours qu'on en veut à leur champ, qu'on « *lève des plans pour percer une route* », ou qu'on « *travaille pour la carte de France* ». Vingt fois ces réflexions nous ont été faites et ont dû l'être à tous ceux qui ont quelque peu crayonné à la campagne.

Si l'on est d'un naturel timide, et pas très sûr de soi, on prend le parti de plier bagage... et l'on recommence plus loin... Les moutards ont vite fait de vous apercevoir et la scène recommence... On replie bagage, et, après quelques tentatives de ce genre, on rentre chez soi « bredouille ».

L' « aplomb » est donc absolument nécessaire : quand on est installé, que ce soit pour tout de bon !

J'y suis, j'y reste !... Envoyez poliment promener ceux qui vous gênent par devant, jouez des coudes pour ceux qui vous gênent de côté et ne vous préoccupez point de ceux qui sont derrière... Isolez-vous... et n'écoutez les réflexions saugrenues que pour en rire.

Un artiste de nos amis avait trouvé un moyen de se débarrasser des moutards gênants... Il se servait du « bleu de Prusse » comme moyen défensif... Il simulait un faux mouvement et la brosse bien enduite de la brillante couleur allait barbouiller les gêneurs qui, à force de se frotter, finissaient par s'en fourrer partout... Le moyen est peut-être drôle, mais nous le recommandons d'autant moins que, pour prendre des croquis, on ne se munit pas toujours de la terrible couleur; nous abandonnons donc aux peintres la recette en question.

Nous ne prétendons pas, cependant, qu'il n'y ait que les imbéciles capables de s'arrêter auprès d'un artiste au travail, oh ! mais non !... Il est des gens que toute œuvre d'art, si minime soit-elle, intéresse vivement et qui ne résistent point au plaisir, grand pour eux, de « voir crayonner ou peindre »; mais ceux-là ont le tact de ne rien dire et savent se mettre là où ils ne gênent point.

Que ce soit par ceux-ci, spectateurs peu gênants, ou

par ceux-là, compagnons fort encombrants, ne vous laissez point intimider et continuez votre « petit bonhomme de chemin », tout comme si vous étiez en plein désert... Sinon vous hésiterez, vous n'oserez pas librement traiter votre sujet comme vous en avez l'envie, et votre œuvre s'en ressentira... Voilà pourquoi nous conseillons de prendre chez soi d'abord, l'habitude de dessiner sur nature, chose aisée : vous avez cent sujets

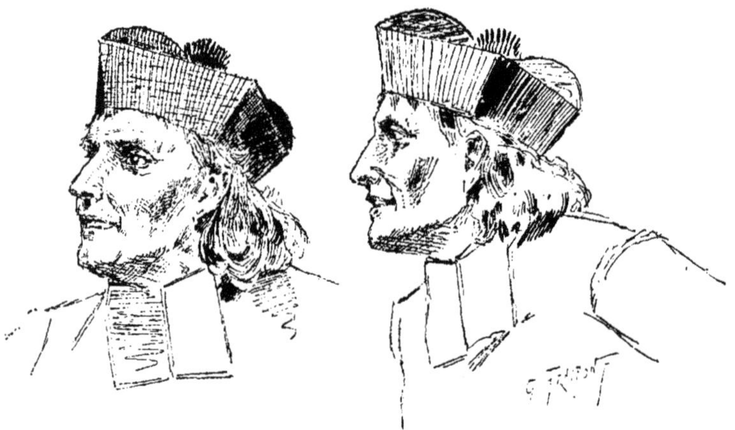

pour un; personnages, fleurs, vues prises de vos fenêtres, etc. Vous acquerrez ainsi une sûreté de main suffisante pour diminuer un peu votre timidité quand vous serez au dehors, timidité ayant souvent pour base la crainte de ne pas s'en tirer et l'effroi de sembler ridicule. On ne l'est jamais pourtant quand on travaille sincèrement... Fais ce que peux!

Les premières fois que vous dessinerez en plein air vous serez évidemment influencé par l'entourage, mais vous vous y ferez et peu à peu vous vous habituerez à travailler en pleine foule; nous connaissons des artistes qui n'éprouvent aucune gêne à s'aller installer en pleine place publique ou sur le carreau des halles; ils sont dans le vrai, ceux-là, car, en somme, ils sont plus gênés que gênants; puis, qui veut la fin veut les moyens.

CHAPITRE III

FAÇON DE PRENDRE UN CROQUIS

Un bon croquis doit être fait hardiment, les traits doivent être bien *pincés*, bien francs; les silhouettes toujours nettement indiquées, les formes bien définies. Rien n'est ennuyeux à voir comme ces croquis indécis qui voudraient être « jolis » et ne sont que mous, cotonneux! Le croquis doit être net et carrément indiqué; il va sans dire que lorsqu'il s'agit de croquis *instantanés* on ne peut souvent que l'indiquer d'un trait, mais encore faut-il que ce trait soit franchement crayonné.

Chacun a un peu sa manière à soi de s'installer pour dessiner; ainsi que nous le disions plus haut, les uns travaillent facilement debout, d'autres veulent être commodément installés... Chacun procédera, pour ce, suivant ses habitudes et ses aptitudes; surtout suivant les circonstances dans lesquelles ils se trouvera. Mais il faut, autant que possible, s'accoutumer à prendre ses croquis aussi simplement que possible en tant qu'installation et outillage. Si, dès le début, vous vous plaisez à avoir toutes vos aises il vous sera difficile par la suite de travailler succinctement installé... Or, dites-vous bien que, lorsqu'on est appelé à prendre des croquis de tous genres on ne trouve pas toujours, ah!

mais non, tout le confortable qu'on pourrait désirer... Nous parlons, bien entendu, de ceux qui se destinent à la profession de dessinateur, ou tout au moins à travailler sérieusement le croquis d'après nature! Si l'on ne cherche là qu'un agrément, oh! alors, qu'on se le donne aussi complet que possible et qu'on s'octroie tout le confort désirable : Bon siège, élégante ombrelle, variété de papiers, de crayons, etc., à boire et à manger... et un domestique pour porter le tout.

Un illustrateur, lui, est appelé à aller travailler un peu partout... Quand il s'agit de prendre sur nature des vues plus ou moins intéressantes, par des journées plus ou moins ensoleillées, cela va tout seul; mais s'il faut rendre une scène d'actualité, par exemple, et se glisser dans la foule, souvent dans la cohue, afin d'avoir à tout prix les notes suffisantes pour parfaire un dessin, c'est une autre histoire et ce n'est pas toujours commode, tant s'en faut. Figurez-vous qu'il vous faille prendre un croquis immédiat d'une catastrophe et que vous soyez envoyé sur les lieux au moment où tout et tous sont sens dessus dessous; coûte que coûte, il vous faut dessiner au milieu du désarroi général (sans compter que souvent vous n'êtes vous-même que tout juste en sûreté): Nous nous sommes vu, le lendemain de l'incendie de l'Opéra-Comique, juché entre deux pompiers, sur la crête du mur de la rue de Marivaux; d'un côté, il y avait le vide, de l'autre les ruines toutes fumantes et brûlantes de la salle de théâtre effondrée, dont il fallait prendre des croquis... La situation manquait de charmes et de confortable, je vous en réponds.

Et, en temps de guerre, les dessinateurs qui suivent les troupes, croyez-vous qu'ils soient toujours très à l'aise?

Nous tâcherons de développer aussi clairement que possible la façon la plus pratique de prendre des croquis, suivant le genre de chacun d'eux.

Quand il s'agit de croquis un peu faits, personnages posant ou vues d'ensemble, on procédera par une bonne mise en place indiquée par quelques traits d'abord, puis on crayonnera en mettant juste les détails nécessaires pour rendre ce que l'on voit, en interprétant, mais sans surcharge. Ceci est une affaire d'appréciation, mais, qu'on se le dise bien : faire simple est ce qu'il y a de mieux, mais aussi de plus difficile ; on pourrait presque dire que moins on en met mieux cela vaut.

L'habileté d'un dessinateur est précisément de savoir *sauter* tout ce qui n'est point utile et de concentrer tout l'effet ou tout l'intérêt sur la partie qu'il désire faire valoir.

De même si l'on fait son croquis pour rendre un *effet*, il faut chercher à placer cet effet, soit de clair, soit de foncé, au détriment de tous les autres.

Quant à la façon matérielle de procéder elle n'est point explicable.

Prenez dix dessinateurs, mettez-les devant le même motif, ils s'y prendront tous les dix de façons différentes et arriveront, s'ils sont d'égale habileté, au même résultat. Ils y mettront chacun, bien entendu, leur note propre ; ils seront également exacts, tout en ayant traité leur sujet et combiné leurs effets de façons opposées.

Le plus simple, nous semble-t-il (ceci pour les non-initiés), est de commencer par la ligne qui frappe le plus et à laquelle toutes les autres viendront se raccorder si l'on a soin de bien garder les proportions et les directions des unes par rapport aux autres. Pour peu qu'on ait un peu d'acquis, on arrive à les emboîter, comme on emboîte, les unes dans les autres, les pièces d'un jeu de patience. Si l'on ne se fie pas à la justesse de son œil pour juger des distances ou des proportions de lignes, on se servira d'un moyen fort simple et connu de tous ceux qui ont dessiné un peu : en étendant le bras et en tenant

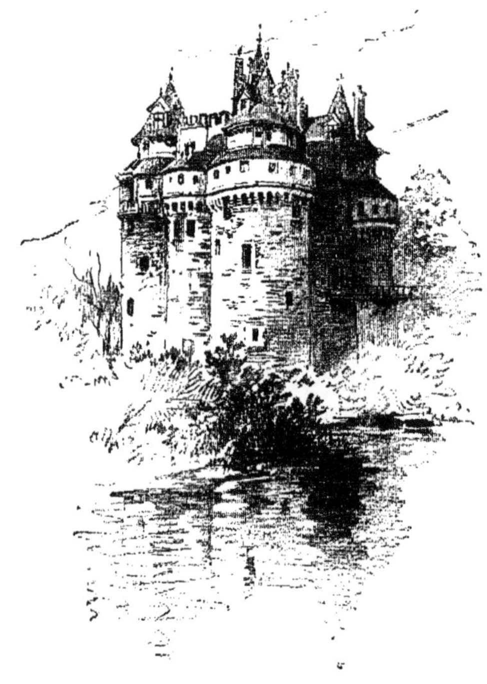

CROQUIS AU POINT DE VUE DESSIN

dans la main le crayon verticalement, horizontalement ou obliquement (suivant la direction de la ligne dont on veut apprécier la dimension), et en appliquant le pouce sur le crayon de manière que la mesure qu'on veut prendre se trouve renfermée entre le bout du crayon et l'endroit marqué par le pouce, on aura une proportion qu'il sera facile de comparer à une autre en mesurant cette autre après. Supposez, par exemple, que vous ne voûs en rapportiez point à votre vue seule pour estimer la différence entre la hauteur et la largeur d'un bâtiment...

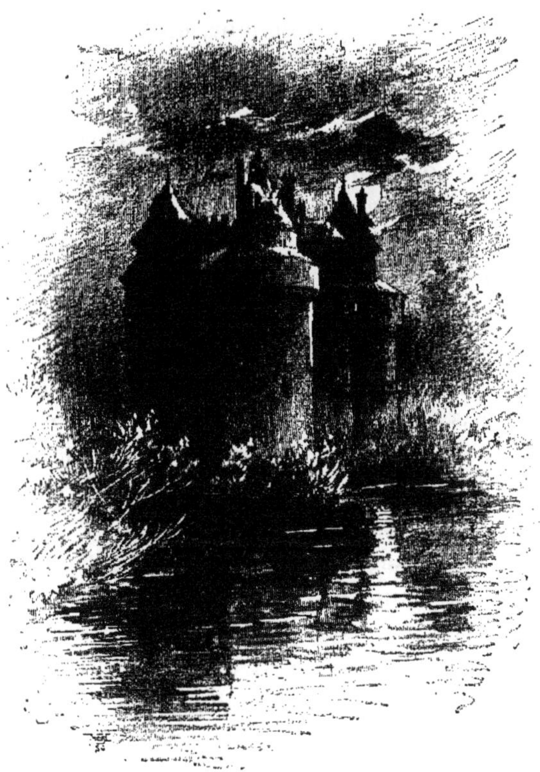

LE MÊME AU POINT DE VUE EFFET

Votre crayon vous servant de guide, vous aurez mesuré d'abord la hauteur en le tenant verticalement; sans changer le pouce de place, vous renversez horizontalement, et vous aurez la différence entre les deux. Pour plus de sûreté, fermez l'un des yeux de manière à bien isoler votre mètre improvisé.

En dessinant sur nature, il faut comparer mentalement les proportions des lignes relativement les unes aux autres. Supposons un ensemble à faire se décomposant, comme suit : un pan de mur, un buisson, puis un arbre, une chaumière et enfin un lointain.

On tracera un mur d'abord (plus ou moins grand, suivant qu'on voudra donner à son croquis plus ou moins d'importance) ; on appréciera ensuite par rapport au mur la hauteur relative à laquelle monte le buisson qui y est accoté : mettons que ce soit aux deux tiers, par exemple ; on pourra donc en indiquer la place. Admettons maintenant que l'arbre ait en élévation le double environ du buisson, que la chaumière avoisinante soit d'un quart moins haute que ce buisson, et qu'enfin le lointain ne dépasse pas, dans son point proéminent, le milieu du toit de la chaumière : on aura obtenu toutes indications de hauteur ; il faudra procéder de même pour les largeurs.

Voir le croquis explicatif, page 17.

Chacun, en dessinant, se fait du reste *in petto* son petit raisonnement ; le moyen que nous donnons est « un exemple ». Mais il en est d'autres qu'on arrive à trouver tout naturellement ; point n'est urgent de procéder par tiers, quart ou moitié : le difficile est de camper son premier motif ; celui-ci une fois en place sert de point de comparaison pour les dimensions des autres qu'il sera aisé de trouver en se basant sur des lignes, des points déjà indiqués dans ce premier motif. Exemple : On aura indiqué une maison, il faut chercher où s'amorcera le sujet voisin : s'il atteindra le niveau du toit ou la hauteur de telle fenêtre, ou bien ne sera pas plus élevé que la porte, etc.

Telle ligne se trouvera sous telle autre, tel point sous tel motif ; dans notre exemple vous trouverez que la pointe du talus de droite tombe sous le tronc de l'arbre, celle du talus de gauche correspond au milieu du buisson, etc.

Qu'il s'agisse de verticale ou d'horizontale, le moyen est le même ; le même aussi pour les obliques : considérons le point où vient frapper le côté le plus bas de l'oblique, puis la distance relative du point le plus haut et nous aurons la pente de cette oblique.

Nous avons tâché d'être aussi clair que possible : à la lecture nous craignons de paraître un peu embrouillé, mais les moyens pratiques étant, somme toute, de pur raisonnement, seront vite compris, nous en sommes persuadé.

Aux premiers croquis qu'on prendra on sera hésitant, on ne trouvera pas le point voulu et souvent on se décidera à commencer son croquis d'un endroit, alors qu'à quelques pas plus à droite ou plus à gauche, un peu plus bas ou bien plus haut, le sujet eût été beaucoup plus intéressant ; mais peu à peu on s'habitue et on arrive à trouver très vite le point « d'où ça fait le mieux ». De même, en commençant, on négligera souvent bien des coins intéressants, pour s'arrêter à dessiner des choses banales ou dénuées d'intérêt. Il faut apprendre à *voir*, ne considérer ce qui se passe et ce qu'on regarde qu'au point de vue croquis. Au bout d'un certain temps, on est tout étonné de trouver que *tout fait bien*, vu d'une certaine façon et par certains effets de lumière ou de pénombre.

Un point souvent difficile aussi est de *couper son motif et de bien le mettre en page*. Couper son motif, c'est savoir où commencer vers la gauche, où s'arrêter vers la droite. Doit-on mettre beaucoup de ciel et peu de terrain ou faire l'inverse? Cela dépend souvent de l'endroit où l'on veut réserver son effet (si c'est un croquis à effet qu'on cherche), ou de la façon dont s'arrangent les silhouettes les unes par rapport aux autres. Il y a là, après la question d'expérience qu'on acquiert, celle du goût qu'il faut tâcher de se former. La coupe et mise sur page d'un dessin sont choses de grande importance.

Quant à la « facture » du croquis elle est impossible à expliquer, chacun possédant sa façon de manier plume ou crayon, fusain ou pinceau; ceci est une affaire de « *main* » et il faut chercher à exprimer ce que l'on voit par des traits ou des hachures si c'est de la plume qu'on se sert; ou par des frottis plus ou moins vigoureux, si c'est le fusain ou le crayon qu'on a choisi.

Lorsqu'on travaille d'après nature, il faut chercher à rendre naïvement ce qu'on a sous les yeux, en ne visant que deux choses : le dessin et l'effet. La facture est secondaire, et, si votre effet est juste et votre dessin correct, la façon dont vous aurez fait traits ou hachures importera peu. Ne pas prendre ceci trop à la lettre pourtant. Il faut évidemment chercher à rendre, par sa manière de faire, le croquis aussi lisible que possible et combiner ses traits pour arriver à faire bien sentir le caractère de ce que l'on a voulu représenter; mais on doit s'efforcer, en outre, d'acquérir une façon de croquer « amusante » et surtout « personnelle ». C'est du reste. à force de faire qu'on arrive à ne plus se préoccuper de la manière dont on combinera ses traits, ses frottis ou ses hachures; quand on a beaucoup dessiné d'après nature, le maniement du crayon ou de la plume devient presque machinal, et l'on ne songe pas à se demander si c'est dans tel ou tel sens qu'il faut lancer son trait, cela vient sous la plume ou le crayon, sans qu'on y pense; on s'inquiète *du rendu* non au point de vue de l'exécution, mais au point de vue de la justesse et de l'effet.

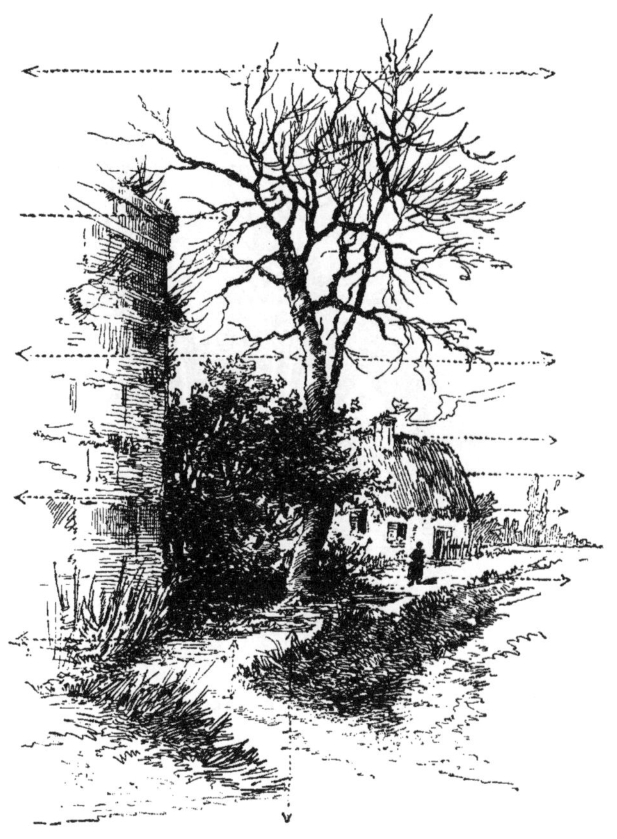

La nature est là, d'ailleurs, pour vous guider et vous trouverez avec son aide la façon d'interpréter, en prenant comme principe de faire, autant que possible, vos traits dans le sens de l'objet ou du sujet traité.

Si vous voulez représenter une eau calme, il est certain que, même si on ne vous l'a point recommandé, vous ferez votre travail horizontalement; si l'eau est agitée, vos traits resteront, dans le même sens, mais seront moins réguliers, plus hachés. Les reflets qui dans une eau calme s'interpréteront verticalement, dans une eau

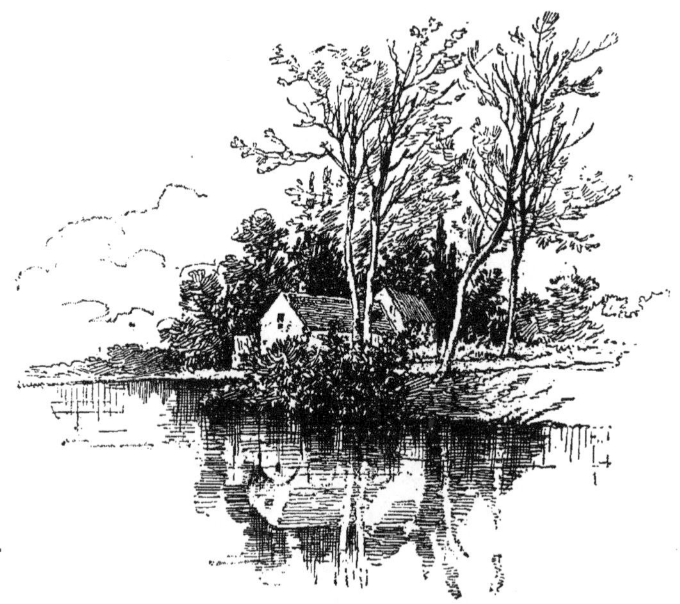

ÉTANG (EAU CALME)

agitée, s'indiqueront dans le sens horizontal en forçant les traits ou les rapprochant, suivant les degrés de tonalités.

Le tronc d'un arbre peut être traité de maintes façons, suivant son essence, en prenant, bien entendu, toujours pour base la direction des aspérités de l'écorce; le tronc d'un chêne sera mouvementé de facture, celui d'un bouleau demandera des traits arrondis dans le sens de l'épaisseur ; ceci est tout indiqué par la nature (figures page 20).

Il en ira de même pour le feuillage, on aura soin de procéder par masses et de bien indiquer les parties en lumière et celles restées dans l'ombre.

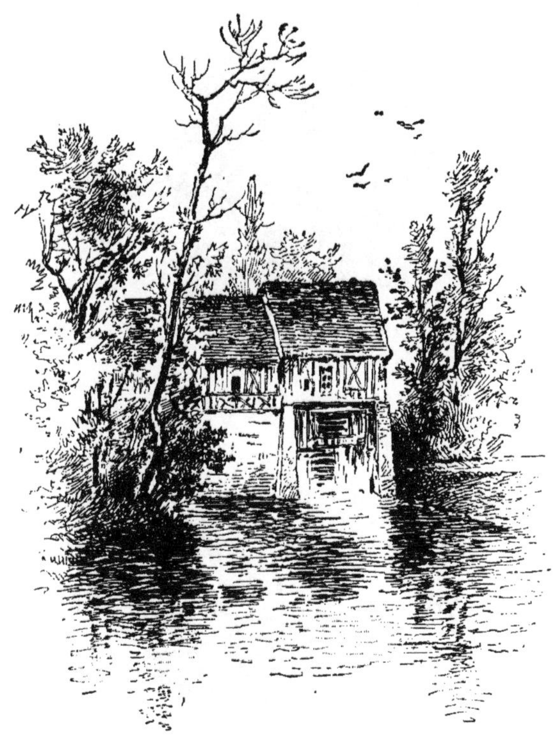

RIVIÈRE (EAU COURANTE)

En un mot, la « facture » proprement dite, le côté « métier » n'a point de règle; cent artistes auront cent façons diverses d'exécuter leur sujet.

Comme nous le disions, c'est affaire de « main », un peu affaire d'adresse, beaucoup affaire d'habitude.

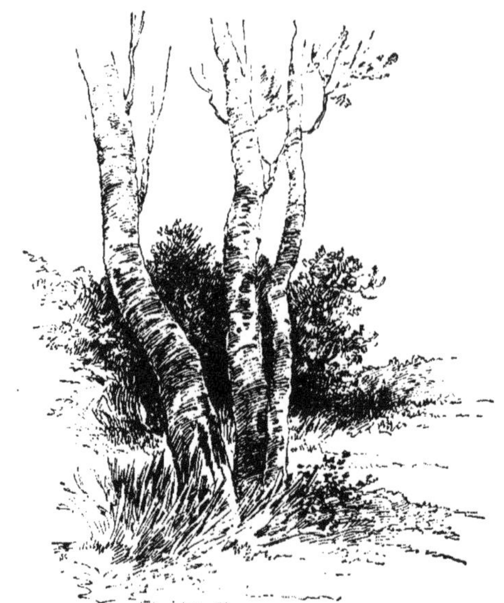

BOULEAUX.

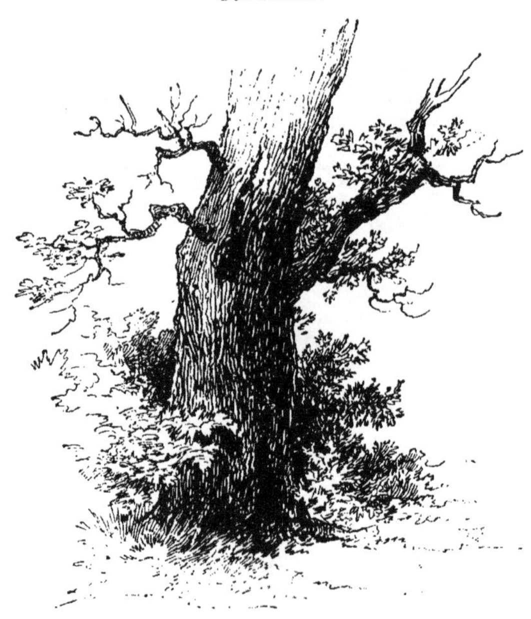

CHÊNE.

Une recommandation, pourtant : évitez autant que possible de traduire par traits croisés en carré, c'est vilain et cela ressemble trop à des cages à poules; variez votre travail le plus possible, et comme sens d'exécution et comme force de traits; cherchez l'opposition dans votre interprétation aussi bien que dans votre effet, vous éviterez ainsi la monotonie. Faites en sorte d'être maître de votre outil (plume, crayon, etc.) pour qu'il glisse capricieusement sous vos doigts et qu'il donne aussi à votre travail une variété de « faire » qui augmentera souvent l'intérêt de votre croquis.

Dans certains cas, il ne faut pas se contenter de copier *exactement* (ce n'est pas toujours suffisant); il faut interpréter.

L'exagération dans la recherche de l'exactitude seulement, c'est ce que donne la photographie (et encore!); l'interprétation c'est ce que donne l'artiste.

L'une vous laisse froid, l'autre vous charme.

CHAPITRE IV

DU GENRE DES CROQUIS

Nous disions que les croquis pouvaient se prendre de diverses manières subordonnées au but qu'on se propose :

§ 1. **Croquis succincts**, suffisants pour se rappeler un coin, un effet destiné à entrer dans la composition d'un dessin ou à le compléter, ou pris pour conserver le souvenir d'une chose vue ayant frappé.

§ 2. **Croquis plus détaillés d'ensemble ou partiels,** pris par plaisir ou prévision, soit qu'on ait été séduit par un effet qu'on veut chercher à rendre, soit par un motif qui a charmé par son pittoresque ou sa situation.

§ 3. **Croquis de personnages ou d'animaux,** plus ou moins détaillés suivant les conditions dans lesquelles on les prend.

§ 4. **Croquis très détaillés,** de premier plan, fleurs, plantes, motifs d'architecture, etc.

§ 5. **Objets divers,** ustensiles, meubles, etc.

§ 6. **Croquis d'ensemble,** instantanés tels que ceux pris dans des foules, scènes de théâtre. — Actualités, etc.

§ 7. **Croquis entièrement sur nature** et ne demandant que quelques corrections ou *fignolage* chez soi.

§ 8 **Croquis au trait. — Croquis de chic.**

§ 1.

Croquis succincts, suffisants pour se rappeler un coin, un effet destiné à entrer dans la composition d'un dessin ou à la compléter ou pris pour conserver le souvenir d'une chose vue ayant frappé.

Souvent un rien : un arbre, un buisson, une chaumière s'éclairant ou se silhouettant d'une certaine façon, fait naître (l'imagination aidant) l'idée d'une composition entière. Vous serez passé dix fois, vingt fois dans tel endroit, devant tel motif qui vous aura laissé absolument froid, où vous n'aurez rien vu offrant matière à dessin et un beau jour, par un certain effet de lumière, ce même motif vous apparaîtra tout autre : il se détachera en clair sur un ciel orageux ou se découpera en silhouette sur un ciel limpide. Tel sujet, tel motif qui semblera insignifiant par un effet du matin, apparaîtra superbe au coucher du soleil ou fantastique au clair de lune.

Lorsqu'un motif ou un effet vous frappe, vous *empoigne*, il faut toujours, ne fût-ce que par quelques notes, en fixer le souvenir. Un croquis quelque dénué d'intérêt qu'il paraisse, quelque minime qu'il soit, doit toujours se conserver, car il sera toujours utile à un moment donné... A court d'imagination, fouillez dans vos notes, dans vos croquis, il sera bien rare que vous n'y trouviez pas une idée ; un rien fera naître la pensée d'un ensemble, un premier plan vous donnera l'idée d'un fond, une jolie silhouette de lointain vous fera trouver un premier plan... Souvent, dans vos croquis, vous trouverez les deux; l'un complétera l'autre.

Du reste, pour peu qu'on ait pris l'habitude du croquis, on éprouvera, lorsque par hasard on n'aura pas sur soi « de quoi dessiner », la même privation qu'éprouvera un fumeur n'ayant pas « de quoi fumer ». Se trouver devant un motif empoignant sans avoir un crayon sur soi, vous fera enrager autant qu'enrage le fumeur ayant sa cigarette faite, mais point de feu pour l'allumer.

Un bon conseil : « Ayez toujours un crayon dans la poche »... Passe pour le papier, si l'on en manque on en sera quitte pour prendre des notes sur sa manchette. Nous avons connu un artiste qui ne rentrait jamais chez lui que la manchette gauche couverte de notes et de croquis qu'il retranscrivait chez lui sur des albums... Cela ne faisait peut-être pas l'affaire de sa blanchisseuse, mais cela faisait si bien la sienne!...

Pour le genre de croquis dont nous venons de parler

il faudra, bien entendu, s'attacher surtout à indiquer le plus exactement possible le côté qui aura frappé. Suivant que ce sera la silhouette ou l'effet, on prendra son croquis de façon différente : si c'est la première, il faudra bien indiquer le dessin; si c'est l'effet, on s'attachera surtout aux tons, sans toutefois négliger la forme.

Comme d'abord, il n'est pas toujours facile lorsqu'on n'a qu'un crayon, d'indiquer toutes les gradations de tons et qu'ensuite le temps est souvent restreint pour saisir les effets produits par des jeux de lumière, par des caprices de nuages toujours très passagers, il faudra, la plupart du temps, se contenter de croquis synthétiques qu'on accompagnera de notes écrites, quitte à compléter ces croquis de mémoire, ou, ce qui vaut mieux, les refaire en conservant intact son croquis primitif. Règle générale, il vaut mieux ne point toucher à une ébauche faite sincèrement sur nature; celle-ci possède toujours un sentiment de fraîcheur, de vérité, qu'on risque fort de voir s'envoler si l'on y retouche après coup; une fois disparu, l'effet qu'on avait primitivement indiqué ne se retrouvera plus guère ; il vaut donc mieux chercher à modifier ou à compléter ses premières notes sur feuillets différents.

Pour aider la mémoire, on peut se servir d'un moyen fort simple : adopter pour soi-même, soit des lettres, soit des numéros au moyen desquels on retrouvera la valeur de chaque ton (figure page 25).

Prenons, par exemple, le chiffre 1 ou la lettre A, pour indiquer le gris le plus clair; le 2 ou le B pour la valeur suivante; puis le 3 ou le C, et ainsi de suite, jusqu'au noir intense ou vice versâ. On peut se servir du même moyen pour prendre en note (même sur un croquis poussé) des couleurs dont on veut garder la mémoire, le 1 ou A indiquera une couleur, le 2 ou B une

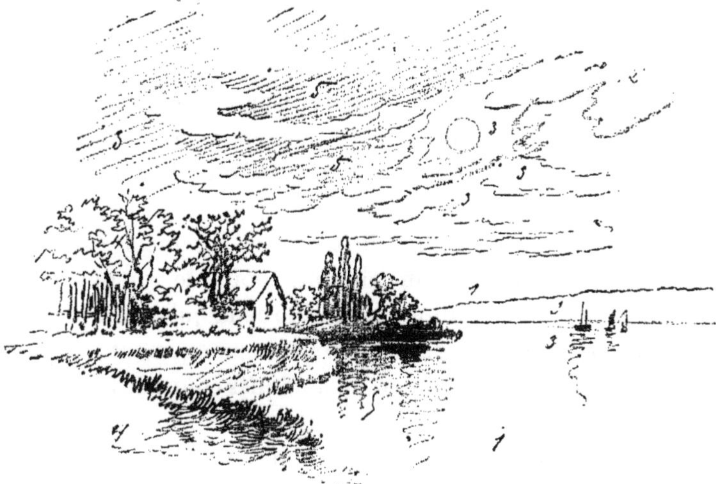

autre, etc. Il ne faudrait pourtant pas pousser trop loin

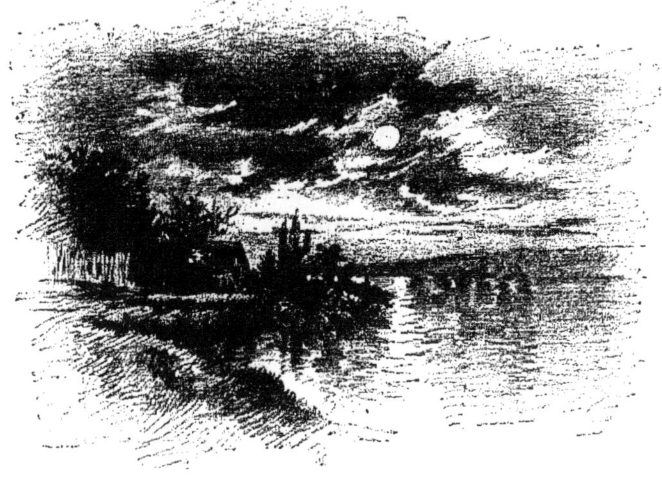

l'amour du chiffre ou de la lettre, car on finirait par

ne plus obtenir que des croquis graphiques, ressemblant plus à des figures géométriques qu'à des dessins.

Ce moyen, je le répète, ne doit être employé que partiellement, pour compléter ses notes et aider sa mémoire, ou lorsque les croquis sont pris vivement, à un point de vue utililitaire, parce que l'on cherche un effet pour une composition en train ou que l'on compte exécuter.

Il est un autre genre de croquis, succincts également, mais exécutés à un tout autre point de vue que les précédents ; nous voulons parler de ceux qu'on fait lorsqu'on cherche une composition, un arrangement ; lorsqu'on esquisse, sur le papier, en quelques coups de fusain, ou quelques traits de crayon, une idée. Ceux-là souvent sont informes, ils ont le droit de l'être puisqu'ils n'ont pour but ou que de fixer ce dont on veut se souvenir ou que de chercher une composition ; ils sont embryonnaires, ces croquis. Pour un dessin à faire, que de conbinaisons, que d'arrangements différents, que de « jetés » on esquisse souvent !

Lorsqu'on est en verve, cela va aisément, mais quand la verve fait défaut, que de peine souvent et que de « riens qui vaillent »!... Et puis, que d'hésitations ! Vous avez tracé deux, trois, quelquefois dix croquis différents pour un même sujet; auquel vous arrèterez-vous (il y a souvent de bonnes choses dans tous les dix); si vous le pouvez, prenez ce qui est bien dans chacun d'eux et faites avec cela la base définitive de votre exécution. Oui, mais ce qui fait bien dans l'un ne s'harmonise plus avec la composition des autres!... Bref, il faut en sortir. Sacrifiez donc une partie de vos idées (point n'en faut trop mettre non plus), mettez-les dans votre carton pour une prochaine occasion, et refaites alors, d'après nature, votre dessin définitif en gardant la composition, l'arrangement de votre croquis primitif. Vous éprouverez peut-être certaines difficultés, car un mouvement, une pose que vous aurez donné de « chic » dans ce premier jet sera souvent tout autre d'après nature; mais enfin on en sort, en se donnant un peu de peine, et mieux vaut se fier à la nature qu'à soi-même; quelque fort que vous soyez, elle est plus forte que vous, quelque talent que vous possédiez, elle en possède plus que vous, et si vous voulez vous en rapporter à elle, vous êtes sûr de ne point être « à côté ». Les grands artistes sont ceux qui sont « vrais », or c'est la nature qui leur a appris à l'être.

§ 2.

Croquis plus détaillés d'ensemble ou partiels, pris par plaisir ou prévision, soit qu'on ait été séduit par un effet qu'on veut chercher à rendre, soit par un motif qui a charmé par son pittoresque ou sa situation.

Lorsque c'est par goût, par plaisir; quand un effet ou un sujet vous ont séduit qu'on prend son croquis, il faut le pousser aussi loin que possible, et comme dessin et comme effet, sans pourtant *pignocher*, pour nous servir d'un des seuls termes rendant bien notre pensée. Ici le bagage le plus complet commence à trouver son emploi. On pourra s'installer sur son pliant, prendre ses aises, s'abriter sous son ombrelle, s'offrir tout le confortable possible!

Un joli croquis a toujours un charme qu'il est très difficile de retrouver dans un dessin fait d'après lui; on veut arranger son croquis: la plupart du temps on le dérange; on voudrait le rendre plus complet, plus parfait... on alourdit! Le croquis possède un « je ne sais quoi » de séduisant que n'a pas toujours le dessin qu'il a inspiré.

C'est que sur nature (nous parlons des artistes sin-

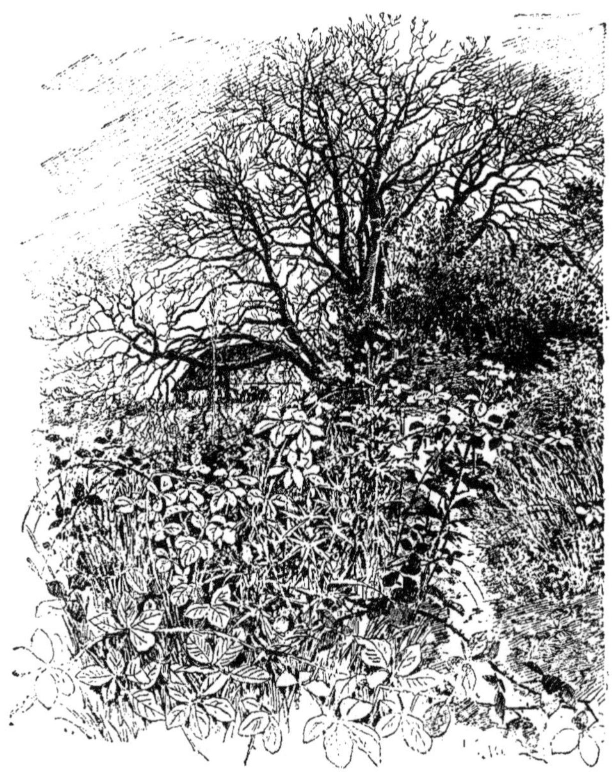

cères, car certains trouvent moyen de faire « de chic » même quand ils travaillent d'après nature), on cherche à rendre ce que l'on voit, presque ce que l'on ressent; on est sous le charme!... Puis, lorsque d'après le croquis fait on exécute son dessin, on s'imagine souvent qu'en ajoutant un blanc par-ci, un noir par-là on modifie et l'on fait mieux... la plupart du temps on fait moins bien ; le croquis est souvent au dessin ce qu'est la maquette au tableau : dans l'un, il y a le premier jet, dans l'autre la recherche ; dans l'un on vibre, dans l'autre on reste terne ; dans le premier on est encore sous la puissance de l'inspiration, dans le second on est guidé par la méthode ; celui-ci est fait au moment où l'on ressent directement la sensation de la chose qui a ému, celui-là est fait à froid...

Il ne faudrait pourtant pas s'exagérer ce que nous venons de dire ; on peut parfaitement, d'après un bon croquis, faire un excellent dessin ; d'après un croquis, même médiocre, on peut quelquefois faire une œuvre complète ; tout dépend du savoir, du goût, de l'habileté de l'artiste.

Il y a le croquis qu'on exécute pour sa satisfaction personnelle, parce que le sujet ou l'effet « croqué » a séduit ; celui-là on le soigne, on le fait aussi complet que possible ; puis le croquis fait dans un but utile, soit pour en faire entrer l'ensemble (ou une partie) dans une composition, soit parce que le sujet est un coin désigné d'avance : point de vue, monument, etc., etc. Celui-ci peut être plus simple, mais il doit pourtant donner tous les renseignements et tous les détails qui seront indispensables lors de l'exécution.

§ 3.

Croquis de personnages ou d'animaux, plus ou moins détaillés suivant les circonstances où on les prend.

Notre précédent paragraphe s'applique surtout aux vues pittoresques, aux paysages, etc. S'il s'agit de personnages ou d'animaux, c'est avant tout le « caractère » de l'individu qu'il faut saisir souvent au passage.

Il en est des personnages ou des animaux comme du reste : c'est, la plupart du temps, les conditions dans lesquelles les uns ou les autres se présentent à vos yeux qui vous donnent la tentation de les « croquer » : un mouvement, une allure subite prise par eux, et vous voilà le crayon à la main, dessinant ceux qui fussent peut-être passés sans être remarqués, si vous ne les eussiez vus faire ce mouvement ou prendre cette allure, qu'il va falloir saisir au vol... à moins que bêtes ou gens ne soient de bonne composition et ne consentent à garder, quelques instants au moins, la position dans laquelle vous désirez les crayonner; dans ce cas vous pourrez y mettre plus ou moins de soins, plus ou moins de temps, suivant que vos modèles auront plus ou moins de patience. A moins qu'il ne s'agisse d'un individu qui s'éloigne, marche ou court, il est rare que la position surprise ne se retrouve pas à intervalles plus ou moins rapprochés : prenons un manouvrier quelconque, un cultivateur, par exemple, le mouvement qui vous intéresse (en tant que dessin) sera évidemment reproduit... Un individu au repos ou se livrant à une occupation calme : lisant, pêchant, causant, reprendra sûrement plusieurs fois la même pose... A vous d'avoir de la patience et d'attendre la réapparition de la pose ou du mouvement pour compléter ou corriger votre croquis. En attendant, occupez-vous de dessiner les parties qui restent plus longtemps dans la même situation ou dont les mouvements sont réguliers et permettent le croquis presque sans désemparer, quitte à reprendre vivement la partie mouvementée aussitôt que l'individu se retrouvera dans la pose voulue... Il faut aller vite, par exemple, tâcher de se bien graver dans la mémoire le mouvement exact. Un bûcheron, tenant la cognée en l'air, gardera les jambes, quelque temps tout au moins, dans la même position, alors que le haut du corps sera constamment

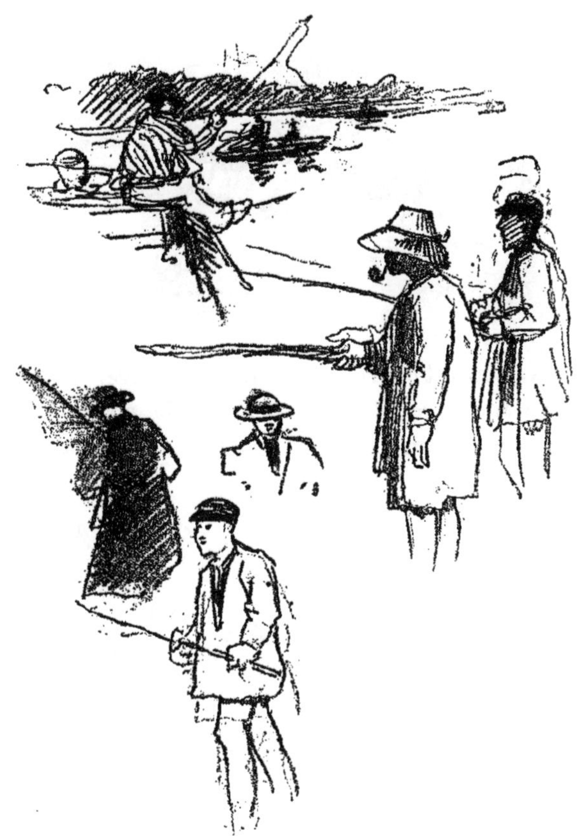

en mouvement; un animal en train de boire ou de manger, des bestiaux au pacage, reprendront sûrement les mêmes mouvements tant que durera leur intéressante occupation.

Plus difficiles seront à dessiner, même synthétiquement, individus ou animaux aux mouvements précipités : un cheval au galop, par exemple, dont vous voudrez saisir l'allure exacte ; c'est beaucoup affaire

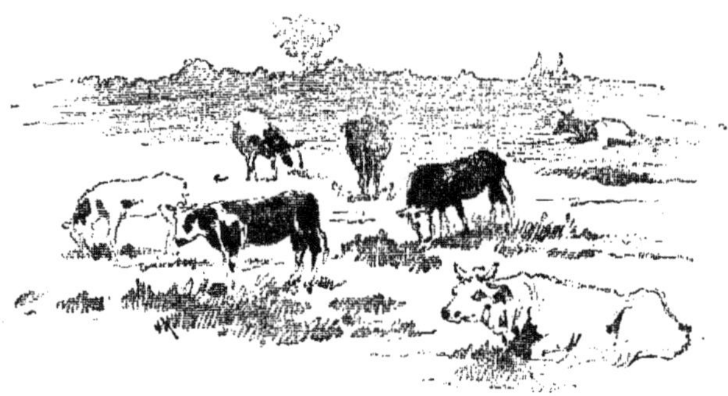

d'observation attentive, cela ; il faut arriver à décomposer les mouvements et à démêler la position d'une partie du corps, par rapport à l'autre, car il faut bien se

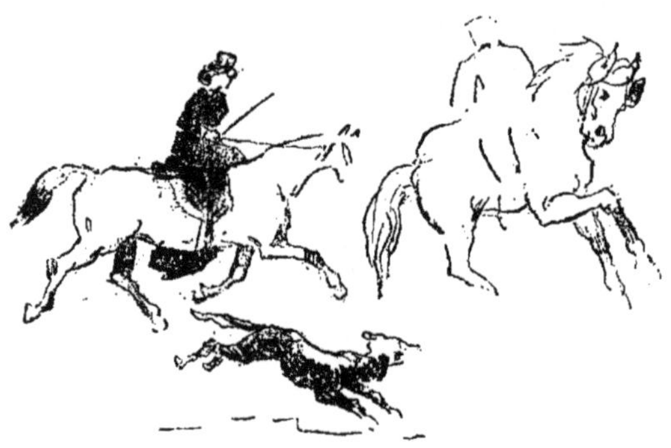

dire que les membres donnant l'allure en question ne sont point les seuls à changer de pose, mais que la situation complète du corps, de la tête, etc., se modifient suivant que se modifie le mouvement. Point de dessin précis à chercher là (vous n'en avez pas le temps), et tout ce que vous pourrez faire sera de chercher des indications aussi justes que possible et à vous graver dans la mémoire les poses observées; s'il vous faut plus tard faire un dessin serré du sujet, vous vous aiderez, pour compléter votre œuvre, d'un cheval au repos, lequel vous permettra de retrouver des détails de « construc-

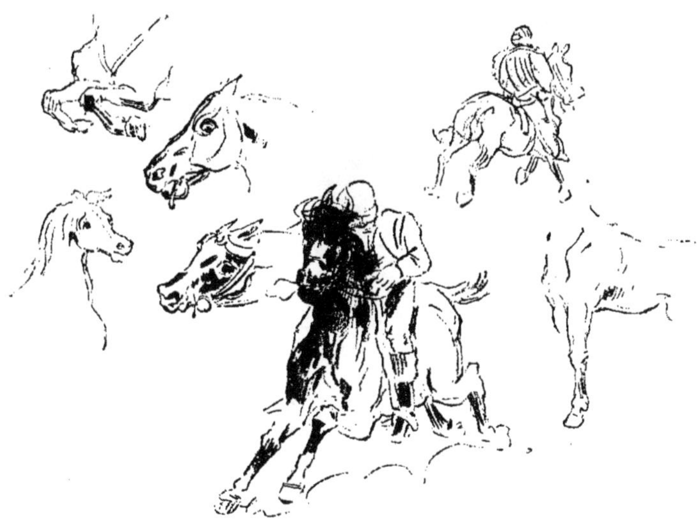

tion » qu'une bête lancée à toute vitesse ne vous aura pas permis de percevoir.

Si ce sont les études de chevaux ou d'animaux qui vous intéressent avant tout et auxquelles vous désirez surtout exercer votre crayon, commencez par en faire quantité de croquis et d'esquisses « au repos » avant de vous lancer dans le mouvement, toujours très difficile à saisir, même quand on a étudié sa bête.

Si c'est une figure qui vous a séduit par son originalité ou par sa beauté, son aspect triste ou jovial, c'est bien plus que la ressemblance, le *caractère* de cette figure et l'expression qu'il faut tâcher « d'attraper ».

Une figure peut être fort ressemblante et n'avoir point le « caractère » du modèle, de même qu'on peut prendre

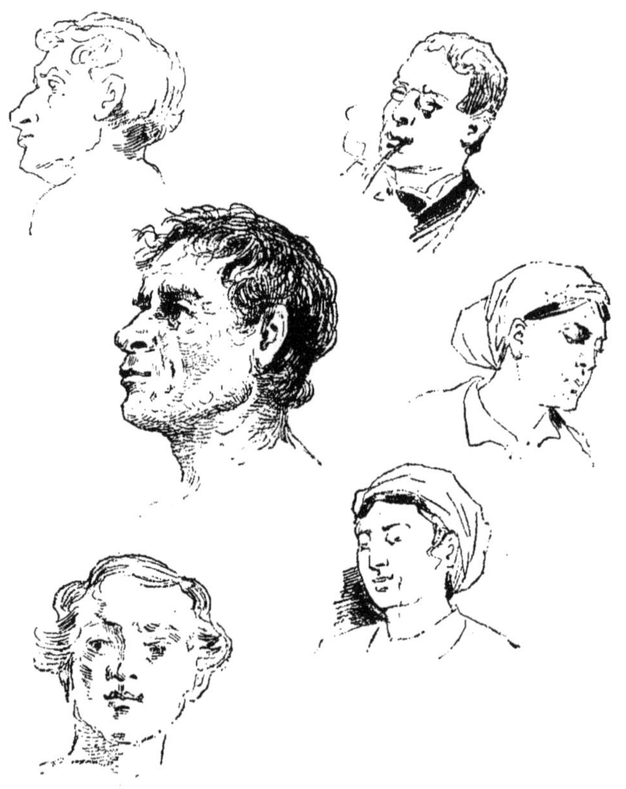

tout le caractère et *l'expression* de cette figure et n'obtenir qu'une ressemblance douteuse... Ceci peut sembler paradoxal, mais cela est... et, à notre avis, le premier vaut souvent mieux que le second.

Si votre homme, à figure gaie ou triste, belle ou laide,

celui dont les traits vous semblent dignes de votre crayon enfin, veut bien poser... prenez votre temps sans abuser du sien pour faire votre dessin; sinon allez-y et fixez sur le papier, le plus promptement possible, le cachet de sa physionomie aussi exactement et en aussi peu de coups de crayon que vous pourrez. Ne vous dissimulez pas que ceci est fort difficile et demande une grande habitude. Certaines gens pourtant ont le don de saisir, souvent presque sans savoir dessiner, des types d'une façon frappante; vous avez certes vu, tout comme nous, des croquis faits par des moutards, croquis la plupart du temps presque informes et vous donnant l'impression juste de ce que les jeunes artistes en herbe ont voulu représenter... C'est cela qu'il faut obtenir, avec l'inexpérience en moins.

Un bon conseil : se méfier des grincheux (il y en a) qui vous chercheront volontiers maille à partir s'ils s'aperçoivent que vous les tenez au bout de votre crayon; crayonnez de façon discrète, c'est prudent, et n'ayez point trop l'air de regarder votre sujet, s'il est vivant, afin de vous éviter des querelles. C'est quelquefois de mauvais goût de croquer les gens sans leur consentement!

Nous parlions de mouvements pris sur le vif, ou d'effets bien rendus; voyez les dessins d'Éd. Morin, mort il y a quelques années. Il a laissé un nombre incalculable de compositions, de croquis en tous genres; on ne peut rien rêver de plus délicieux, de plus pimpant: toujours pleines de charme, les compositions de ce grand artiste ont un brio inouï. Avec le blanc et noir, il arrivait à une intensité de tons que la plus brillante palette ne dépassait point. C'est qu'il connaissait sa « tache », toujours posée juste où il fallait pour tout faire valoir dans son dessin sans que les détails, jolis au possible et qu'il savait semer à profusion, vinssent nuire à l'effet général. Avec cela un esprit endiablé, une érudition parfaite! Feuilletez le *Monde illustré* d'il y a quelques années, vous y rencontrerez à profusion des pages merveilleuses signées de cet excellent artiste; parcourez les volumes illustrés par lui, et vous nous direz s'il est possible d'être plus fin, plus délicat que ne l'était Morin, un des grands maîtres de l'illustration. Il a fait école, du reste, et c'est de lui que procèdent, sans le copier et tout en gardant chacun leur personnalité, foule d'illustrateurs de grand talent. Quand vous vous serez bien régalé des croquis de Morin, passez à ceux de Vierge, un autre grand artiste, celui-là, et maître coloriste, lui aussi; ils possèdent, ces croquis, ce je ne sais quoi d'alerte, de vécu, ils sont d'une élégance rare et si simplement faits pourtant : un trait, une tache et « ça y est! » Ça y est bien, par exemple, et l'on croirait volontiers qu'on en va faire autant. Oui, essayez donc!... Parcourez après cela les dessins, les illustrations du même Vierge; vous ne regretterez pas les heures que vous y aurez consacrées, vous pouvez nous en croire.

De merveilleux croquis d'un dessin impeccable, d'une correction parfaite, sont ceux du maître peintre Édouard Detaille. Nous parlions de croquis *serrés.* En voilà, et vivants donc!

Des types? Voyez ceux de Renouard. Sans connaître les gens dont il a, en quelques coups de crayon, fixé les traits, vous les sentez ressemblants. Des croquis ayant du « caractère »? en voilà et de la bonne marque! Des dessins d'animaux? cherchez ceux signés Lançon.

Nous citons ces artistes, dont les noms viennent

tout naturellement sous notre plume, car ils sont hors de pair, mais que d'autres qui « jouent du croquis » de merveilleuse façon ! C'est de ceux-là qu'il faut s'inspirer, non pour faire comme eux (beaucoup y sont appelés, bien peu d'élus), mais pour apprendre, tout en restant personnel, ce qu'il faut mettre et ce qu'on doit omettre dans un bon croquis, chose paraissant bien simple lorsqu'on la voit, mais fort difficile lorsqu'on la fait.

§ 4.

Croquis très détaillés, de premier plan, fleurs, plantes, motifs d'architecture, etc.

Ces croquis sont d'un genre tout différent et nécessitent une facture beaucoup plus serrée; le mot « premier plan » l'indique, les détails ici sont nécessaires. Dans un croquis, quel qu'il soit, il est évident que plus l'objet ou le personnage que l'on dessine est loin, moins il faut le détailler, et vice versâ. Le premier plan pourra donc, devra même être très étudié; il ne faudrait pas le surcharger cependant, ceci serait un excès que toujours il faut éviter. *Faire simple*, là est le grand point, et on peut faire simple tout en détaillant beaucoup. Tout comme pour les croquis, dont les chapitres précédents font l'objet, il faut savoir faire des sacrifices pour laisser valoir certaines parties qui sembleront à l'artiste plus « amusantes » que d'autres, et les laisser en lumière au détriment de leurs voisines qui resteront dans l'ombre.

Le principe est le même, et tout ce que nous avons dit, soit pour les croquis d'animaux, soit pour les autres, peut tout aussi bien s'appliquer à ceux-ci. Même dans un premier plan, quelques brins d'herbe, quelques broussailles, une ronce, une touffe de fleurs, certaines parties enfin seront sacrifiées au détriment d'autres ; l'ensemble y gagnera.

Rien n'est intéressant comme l'étude serrée d'un

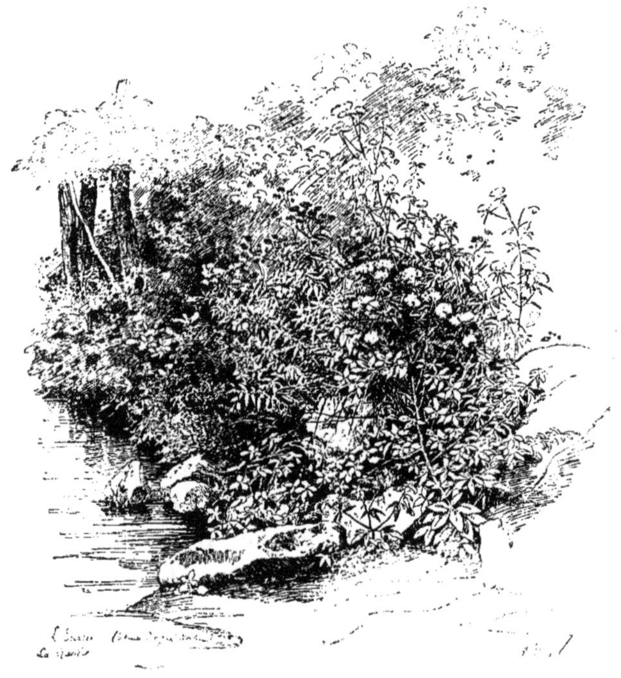

motif de premier plan, et rien n'est facile à trouver comme ces motifs, surtout lorsqu'il s'agit de fleurs, feuillages, etc. Tout s'arrange dans la nature, et la plus modeste petite plante devient ravissante à étudier. Rien non plus ne prête autant à faire des dessins décoratifs, car rien n'est décoratif comme la plante, point de départ, du reste, de tout ce qui est décoration. Par quoi, en effet, ont été inspirés tous nos motifs d'architecture? La colonne corinthienne n'a-t-elle point comme point de départ la feuille d'acanthe, une des plus joliment découpées qu'il soit possible de rencontrer?

Voyez toutes les sculptures de la Renaissance. A côté

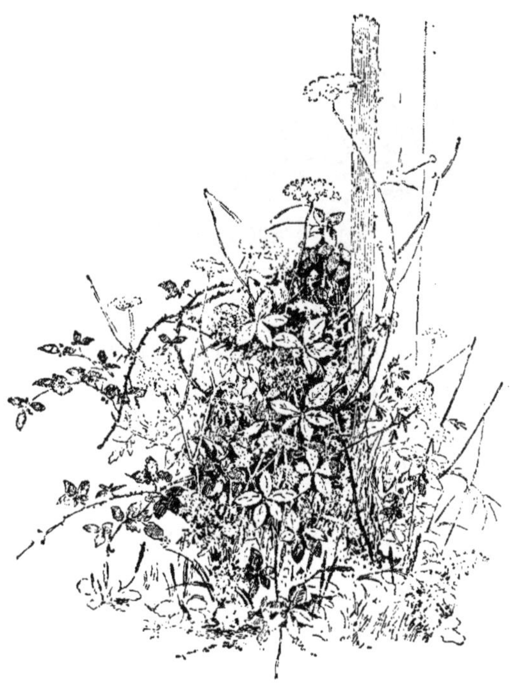

des figures, ne sont-ce point les fleurs et les fruits qui en font les motifs principaux?

Le Louis XIV, le Louis XV, le Louis XVI, tous les styles enfin, n'ont-ils point pour base de décoration la fleur, le feuillage?

Et quel que soit le nombre de sujets tirés de la flore, que ce soit peinture ou sculpture, quel que soit le nombre de sujets qu'on en tirera encore, jamais la « mine » ne s'usera; car la nature est assez bienveillante envers les

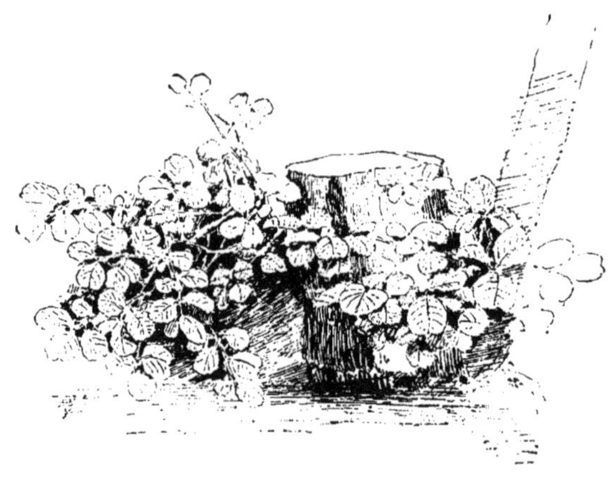

artistes pour renouveler à leur profit les documents qu'elle leur fournit gratuitement, et assez généreuse pour

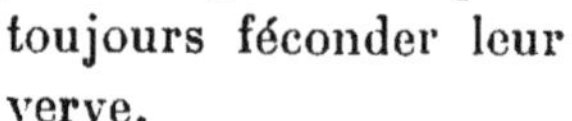

toujours féconder leur verve.

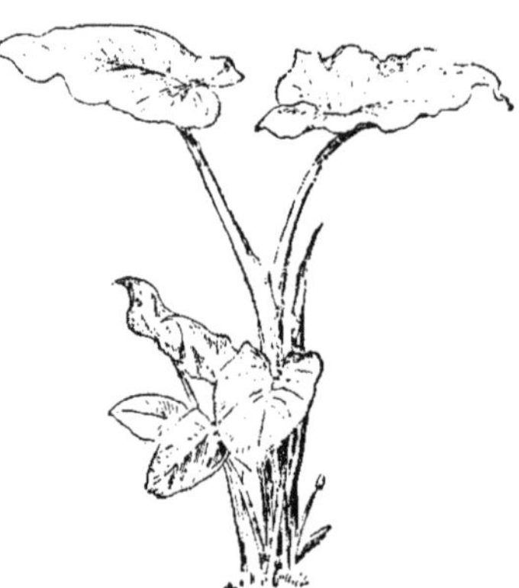

Les anciens s'en sont inspirés, nous nous en inspirons et, jusqu'à la fin des siècles, on s'en inspirera pour faire du nouveau, toujours du nouveau.

Cueillez au hasard n'importe quel bout de branche à n'importe quel arbuste, dessinez naïvement cette branche sans y rien changer et vous aurez, nous pouvons dire *toujours*, un motif ravissant. A la campagne, dans quelque chemin que ce soit, dans quelque pays où vous vous trouviez, vous aurez dix, vingt, cent croquis de premiers plans à faire; la moindre brindille est charmante, le moindre feuillage est ravissant à dessiner.

Il est à remarquer que plus une plante est restée à l'état sauvage et plus elle est jolie, n'en déplaise à MM. les horticulteurs (pour lesquels ce livre n'est point fait, du

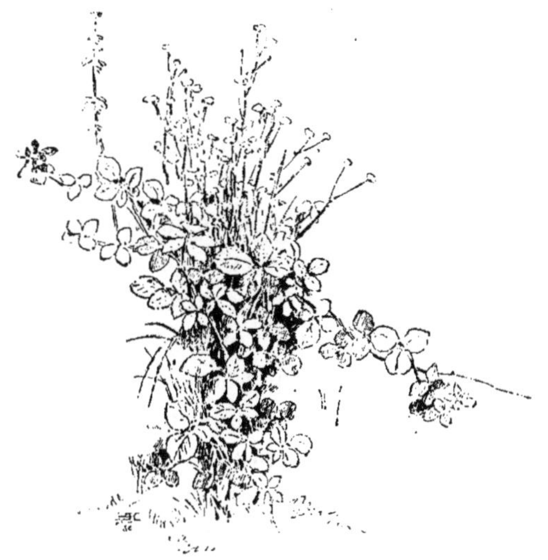

reste), plus elle est jolie à dessiner, s'entend, car je ne pousserais point l'enthousiasme jusqu'à engager notre lecteur à ne planter dans son jardin, s'il en a un, que du chardon, des orties ou des ronces. Et tenez, la *ronce*, connaissez-vous rien de plus élégant, trouvez-vous rien de plus fin, imaginez-vous rien de plus gracieux que ces tiges s'entortillant les unes dans les autres, remontant, retombant?

> Ce ne sont que festons, ce ne sont qu'astragales.

et la feuille en est-elle assez jolie, et la fleur, et

le fruit, et la façon dont les uns s'attachent aux autres!

Nous parlons des plantes incultes : voyez le chardon, examinez sa feuille si curieusement contournée et aux découpures si capricieuses? voyez le pavot, le coquelicot, la marguerite, toutes les autres, dont nos connaissances trop bornées en botanique ne nous permettent point de faire la nomenclature.

Dessinez la plante vue de face, de côté, d'en dessus ou d'en dessous, toujours elle restera charmante, et toujours elle vous donnera un motif de décoration tout composé.

Remplissez vos albums de croquis de ce genre, et, pour peu que vous sachiez vous servir des documents que vous aurez ainsi rassemblés, vous aurez là une mine inépuisable où vous trouverez à l'infini des sujets décoratifs. Non seulement vous vous servirez de vos croquis pour reproduire les plantes telles que vous les aura données la nature, mais vous pourrez les transformer de façon ornementale. Rien ne prête, nous le répétons, à l'ornementation, appliquée à quoi que ce soit, comme la plante.

Prenons comme exemple la ronce, puisque nous avons parlé d'elle et que nous l'avons tant vantée, quitte à nous mettre à dos tous les cultivateurs qui la maudissent et bien des promeneurs qui, s'y étant frottés, s'y sont piqués. Notre ronce, donc, pourra servir et de premier plan, s'il s'agit d'un sujet pittoresque, et de prétexte décoratif dans un encadrement. Elle accompagnera aussi un cartouche, un sujet ou motif quelconque de décoration, en la transformant ou répétant, soit une branche, soit une feuille de façon régulière. Or ce qui est vrai pour la ronce l'est pour toutes les autres plantes. C'est ici que quelques tons légers d'aquarelle ajoutés sur vos croquis viendront à point pour les compléter. Avec quelques notes de couleur vous conserverez exactement le souvenir de la plante, de la fleur, dessinées et, à l'occasion, cela pourra vous être d'une grande utilité.

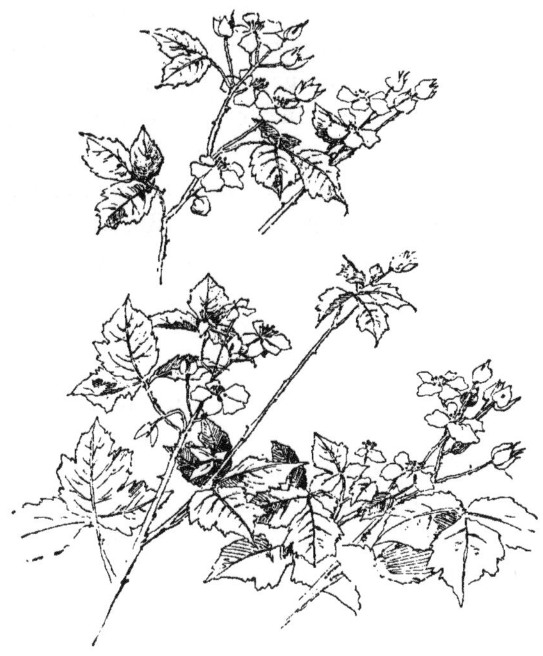

Sans compter que nombre d'entre elles peuvent servir d'allégories et souvent aussi compléter un sujet quand elles n'en font pas le motif principal.

Tout martyr a sa palme,
Tout héros son laurier.

La force est représentée par le chêne, l'innocence par

la fleur d'oranger ; si vous êtes modestes, vous aurez la violette, mais si vous êtes fat, c'est le narcisse qui vous sera octroyé.

Il y a aussi des fleurs nationales : l'Angleterre a la rose et le chardon, l'Espagne a l'œillet. Nous avons même des fleurs politiques : le lis, l'immortelle, bien d'autres encore. Ne négligez donc point de crayonner tant et plus, lorsque vous aurez le plaisir grand de vous trouver à la campagne, tout ce que vous rencontrerez en fait de plantes, si modestes soient-elles, et, quand vous en aurez rempli dix albums, remplissez-en dix autres ; vous n'en aurez jamais trop. Rassurez-vous, la mine est riche, vous ne risquez pas de la tarir.

§ 5.

Croquis d'objets divers. — Ustensiles, meubles, etc.

On prend surtout ces croquis comme documents, soit pour servir immédiatement pour un dessin en cours d'exécution, soit en prévision de compositions à venir.

Là surtout il faut s'attacher au côté « dessin » plus qu'au côté « effet, » celui-ci étant subordonné à l'ensemble général, aux jeux d'ombre et de lumière qu'on donnera aux compositions dans lesquelles ils seront intercalés. Ce genre de croquis doit surtout être correct, exact, et, tout comme dans les autres, il faut s'occuper de rechercher le « caractère » de l'objet dessiné. Si nous appuyons avec intention, tout aussi bien ici que dans les chapitres précédents, sur ce mot *caractère*, c'est qu'il a une importance capitale.

Les croquis, pris, comme nous le disions plus haut,

pour servir à une composition en cours d'exécution, sont naturellement désignés d'avance puisqu'on en connaît la destination. Supposons un artiste ayant à parfaire une scène moyen âge, par exemple; il aura à trouver des meubles, sièges, etc., de l'époque : il lui faudra donc ou se servir de photographies faites d'après des meubles provenant de ladite époque, ou d'ouvrages

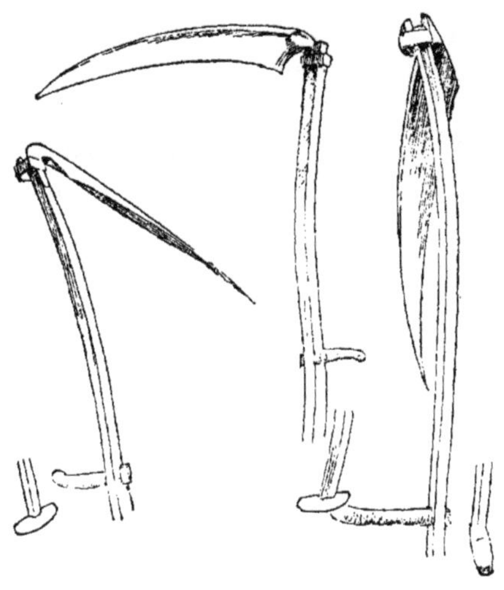

contenant les renseignements qu'il lui faut. Évidemment les deux peuvent lui être utiles, nécessaires souvent, mais ils ne vaudront jamais, à beaucoup près, un bon croquis pris sur nature, cela pour plusieurs raisons : d'abord, une chose *vue en nature* reste toujours plus exactement gravée dans la mémoire qu'une chose *vue en reproduction;* en second lieu, il y a cent à parier contre un que, lorsque vous aurez à placer un meuble vu de côté, vous ne trouverez que des documents vus de face, de trois quarts ou vice versâ. Enfin il vaut mieux se servir de documents bien à vous, que de risquer de vous servir de documents usés souvent et dont l'exactitude n'est pas toujours garantie. Puis vous vous rendrez moins compte des proportions de ce meuble par rapport aux personnages, par exemple, que si vous avez vu ce même meuble en nature, chose toujours aisée, à Paris tout au moins, où tous les musées, Louvre, Cluny, Carnavalet, etc., tiennent leurs portes généreusement ouvertes aux artistes.

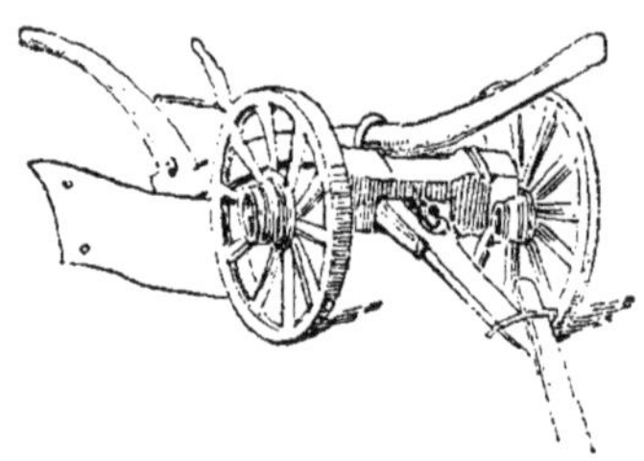

Qu'il s'agisse de quelque objet que ce soit, ustensile, outil, etc., la façon de s'y prendre est la même.

Vous faites une scène campagnarde, vous voulez y faire entrer un laboureur au travail, un faucheur; un dessin de charrue ou une faux (instruments qu'on a rarement dans son atelier) vous seront indispensables : il vous faudra donc aller faire des croquis desdits instruments.

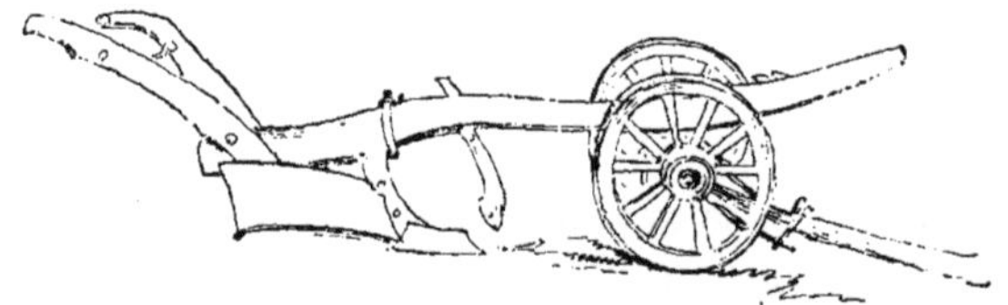

Vous aurez là, d'abord, un prétexte plausible pour passer quelques heures à la campagne; mais si pourtant vous êtes citadin invétéré, vous trouverez, toujours à Paris, tous les renseignements désirables. Au Conservatoire des arts et métiers, tous les ustensiles, tous les outils, les bateaux, se trouvent à profusion, de tous genres et de toutes époques.

Les instruments de musique sont au Conservatoire de musique.

Les meubles et objets anciens, à Cluny, etc.

Bref, sans quitter Paris, on peut faire tout d'après nature.

Voilà pour ce dont on a un besoin immédiat; mais il est bon de glaner un peu partout où l'on se trouve, et lorsqu'on met la main ou qu'on jette les yeux sur un objet ayant un côté typique ou une destination spéciale, il est bon d'en prendre note et de dessiner ledit objet *sous toutes ses faces*, ou tout au moins dans diverses positions. On aurait tort de se borner à prendre le croquis d'un objet dans la seule position où il s'est présenté tout d'abord au regard, car certains ont une forme tellement spéciale, souvent si contournée, qu'il serait difficile, sinon impossible, de les redessiner dans une situation autre que celle où on en a pris l'esquisse. Faites-en l'épreuve avec une ombrelle ouverte, par exemple, un chapeau haut de forme, choses bien usuelles pourtant, que vous voyez cent fois tous les jours et qui n'en sont pas moins fort difficiles à représenter exactement en tous sens, autrement que d'après nature.

Ce n'est point d'ombrelles ni de chapeaux, bien entendu, dont nous voulons parler en conseillant de prendre « à l'avance » des croquis, tout le monde possède au moins l'un des deux, et, au moment venu, si l'on a à s'en servir, il sera facile de les tenir sous la main; mais il s'agit d'objets qu'on n'a pas l'habitude d'avoir par devers soi, tels que la charrue dont nous parlions tout à l'heure, la faulx, tous les instruments aratoires, que sais-je! En un mot, tout est « bon à prendre » comme croquis, s'entend; on n'est jamais assez riche en documents, et l'on se trouvera souvent bien aise de dénicher dans ses albums des indications vous évitant l'ennui souvent grand, quand on est à court de temps surtout, d'aller à la recherche des objets dont on a besoin.

En dehors de ce qu'il est possible de dessiner bien posément — objets inanimés et vous permettant par conséquent de prendre toutes vos aises pour crayonner leur image, — il en est d'autres, très utiles à avoir aussi, mais plus difficiles à reproduire puisqu'ils manœuvrent : véhicules, bateaux, etc., ceux-là, prenez-les succinctement, quitte après à donner les détails d'après les mêmes

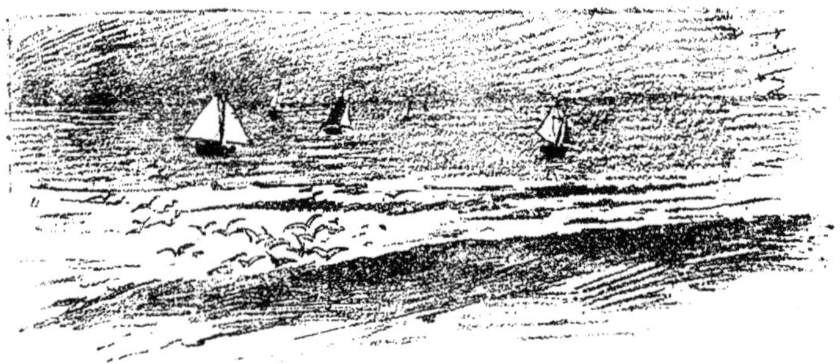

sujets à l'état immobile. Vous noterez, en quelques traits, les allures diverses qu'ils vous présenteront, au fur et à mesure qu'ils changeront de place ou de position — on ne se figure pas ce qu'un bateau de pêche, par exemple, peut donner, d'une minute à l'autre, de silhouettes absolument différentes ; à peine souvent a-t-on le temps d'en saisir une qu'elle a changé d'aspect. Chercher à les noter au vol est un exercice non seulement très intéressant, mais aussi fort utile; en procédant de la sorte, vous récolterez quantité de notes qui vous seront très précieuses dans l'avenir.

Faites collection également de motifs d'architecture,

soit motifs détachés tels que chapiteaux, frontons, colonnes, présentant un caractère spécial, soit motifs d'ensemble : imposants donjons ou gracieuses tourelles, maisons rustiques ou superbes châteaux. Si ce sont des

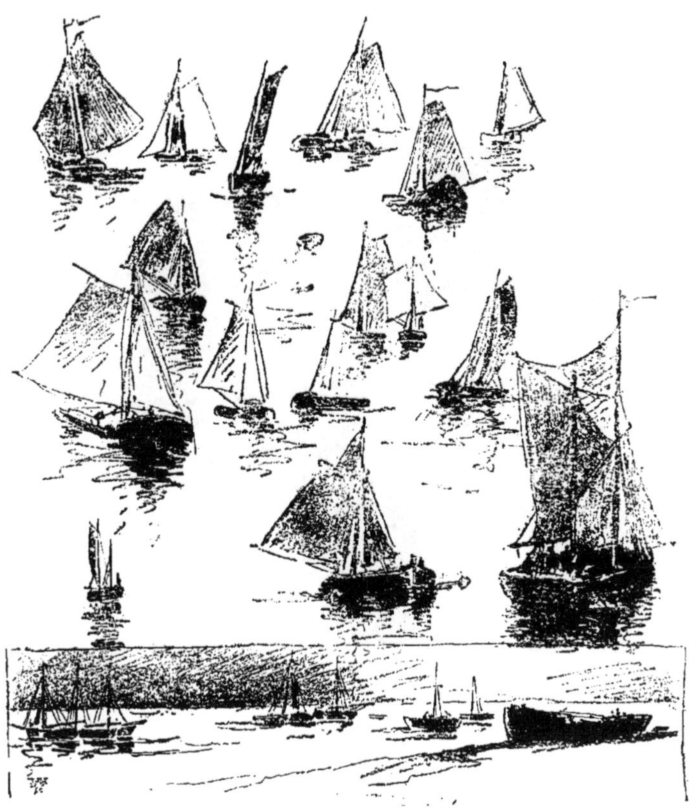

détails d'ornementation que vous prenez : volutes, rinceaux ou fines dentelures, procédez comme pour les motifs de premier plan, en ayant soin de bien observer ce qui caractérise le style de cette ornementation : gothique ou Renaissance, Louis XIII ou Louis XV.

En un mot, croquez tout ce que vous trouverez d'intéressant : vous aurez certainement, un jour ou l'autre, l'occasion d'employer vos croquis.

Nous citions plus haut un exemple : scène moyen âge nécessitant des croquis de meubles ou de sièges ;

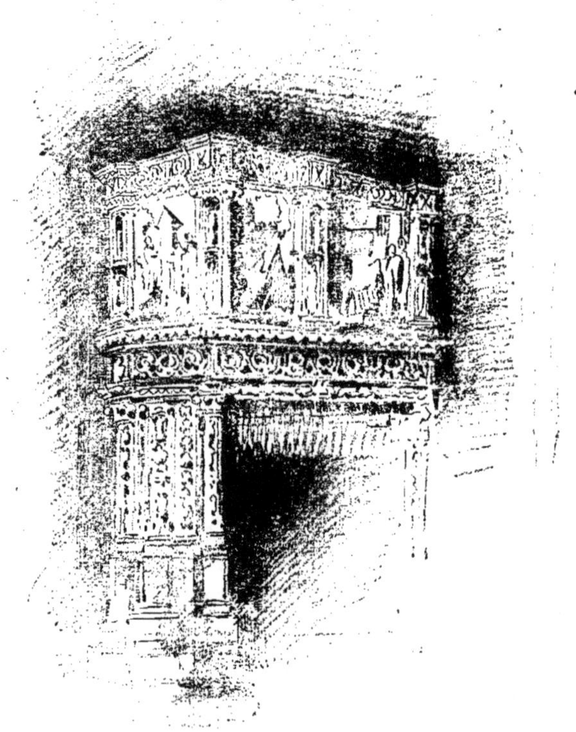

cette scène est supposée se passer dans un intérieur ; mais admettez qu'elle ait lieu au dehors, dans la cour d'un château, ou au pied d'un donjon ; bien aise serez-vous de trouver dans vos notes le donjon ou le château rêvé. Si point ne l'avez et s'il s'agit d'une composition en valant la peine, dame ! prenez le train : la

France en renferme plus qu'il ne vous en faudra, des châteaux et des donjons : Dirigez-vous vers la Touraine, par exemple, et vous n'aurez pas longue exploration à faire pour rencontrer ce qu'il vous faut. S'il ne s'agit que de dessins dont la minimité ne permet pas semblable déplacement, contentez-vous alors de documents qui ne manquent ni à la Bibliothèque nationale ni dans quantité de livres commodes à consulter, mais cela ne vaudra jamais les documents que vous aurez vous-même pris *de visu*, quelque imparfaits que soient ceux-ci, quelque parfaits que soient ceux-là.

§ 6.

Croquis d'ensemble, instantanés tels que ceux pris dans des foules, scènes de théâtre. — Actualités, etc.

Ces croquis sont les plus difficiles à prendre, ce sont ceux qui demandent le plus d'habileté (de dextérité, dirions-nous presque) et surtout une très grande habitude.

Il faut, pour ce genre de croquis, que toutes les facultés agissent en même temps ; on doit voir, retenir, noter, croquer ; il faut rester calme et ne point se laisser surexciter par ce travail pourtant si surexcitant ! C'est qu'en effet, il y a souvent tant de choses à retenir, noter et croquer en même temps, et des choses passant si rapidement qu'on risque fort de s'embrouiller au point de n'en pouvoir sortir, si l'on ne conserve pas tout son sang-froid.

Ainsi que nous l'avons dit dans le chapitre 1er, ce sont des croquis succincts, qu'il faut prendre ; on ne saurait faire autrement, mais on a la ressource, en rentrant chez soi après une excursion de ce genre, et alors que l'on est encore sous l'impression de la chose vue,

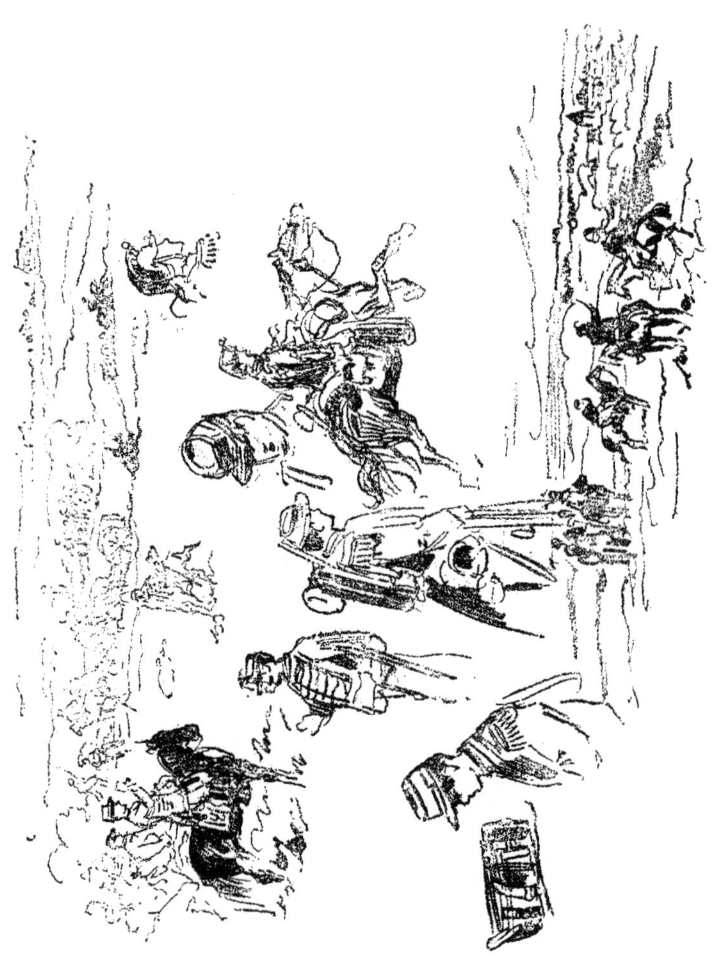

de compléter ses notes et de faire de souvenir les détails que forcément on aura dû omettre; les impressions et les effets étant tout frais encore dans la

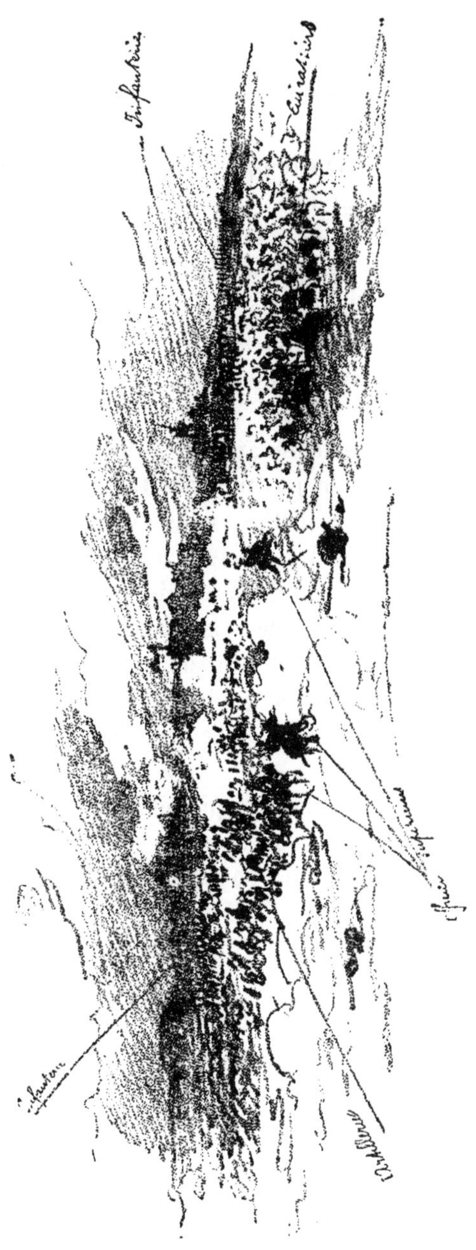
Infanterie
Cuirassiers
Artillerie

mémoire, on pourra ainsi avoir, pour le moment de l'exécution de son dessin, un stock d'indications suffisant pour parfaire une œuvre aussi complète et exacte que possible.

Admettons, par exemple, que l'on ait à faire des croquis sur les grandes manœuvres; évidemment on ne pourrra chercher le détail; il faudra donc saisir le côté caractéristique et tâcher de concentrer l'intérêt sur la partie voulue. Dans les grandes manœuvres, ce sont certainement les *mouvements* qui intéressent. Sans s'inquiéter ici de faire de » jolis croquis, « chose impossible, mais bien des « croquis synthétiques », chose nécessaire, on placera, au moyen de lignes ou de points conventionnels, la position des troupes en annotant le nom de chacune d'elles, chasseurs, infanterie, cavalerie; la position des officiers, etc., etc.

Après cela prenez des croquis de détails, de physionomies, etc., même de costumes; si les troupes sont en mouvement, en train de prendre une position, par exemple, croquez quelques allures de soldats qui vous serviront, lors de l'exécution, à les combiner toutes.

S'il s'agit de détails typiques, de scènes partielles, poussez davantage vos croquis, en tâchant de rendre exactement ce que vous voyez, et comme allure et comme mouvement.

De même, cherchez votre effet que vous noterez : les uniformes, les armes de tel corps d'armée brilleront au soleil alors que telles autres troupes seront à l'ombre; tel bataillon se silhouettera sur la fumée blanche des canons, alors que tel autre sera en partie dissimulé par elle.

Nous donnons les « grandes manœuvres » comme

exemple, mais il y a plus difficile et plus compliqué encore.

Supposez, par exemple, un cortège, une cavalcade, et songez à la rapidité avec laquelle il vous faudra manœuvrer à votre tour pour prendre vos renseignements sur les principaux costumes, les chars, etc., etc.

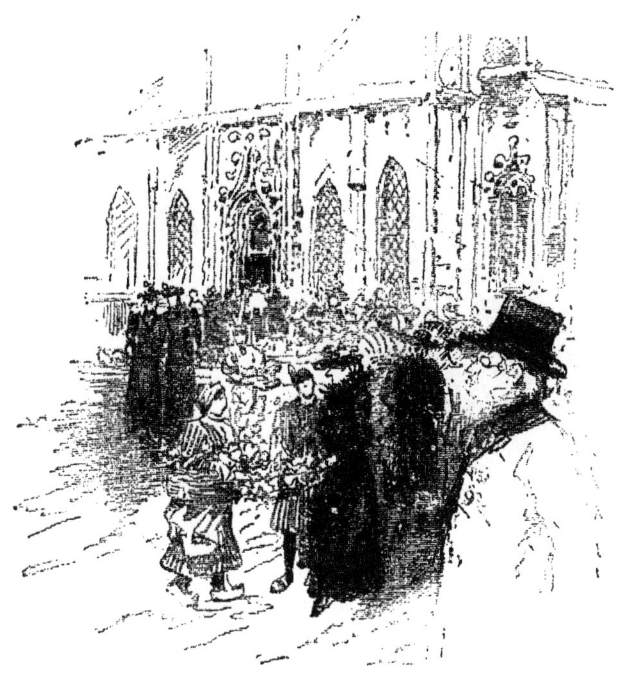

C'est de la sténographie qu'on doit faire là, sténographie dont il faut soi-même trouver les signes et dont seul on a la clef. On commence par marquer la forme du char, puis la position occupée par les personnages qui y sont juchés, après cela on indiquera par quelques traits et quelques notes les principaux costumes, en s'efforçant de se graver les autres dans la mémoire.

On notera ensuite (inutile de dire en hâte, n'est-ce pas ?) la suite du cortège, cavaliers, piétons, en procédant toujours de la même façon par signes convenus avec soi-même, puis, rentré chez soi, on complétera ses notes et ses croquis.

Pour les scènes de théâtre, même façon de faire ; on a toutefois là une facilité qu'on n'a point lorsqu'on veut dessiner un cortège, par exemple (à moins que ce ne

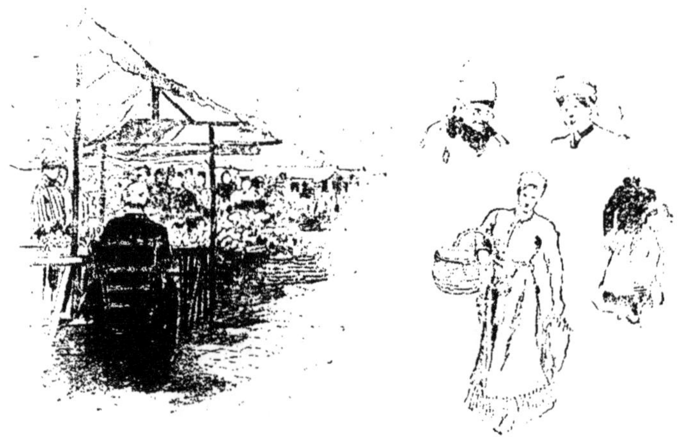

soit un cortège défilant sur la scène, auquel cas la difficulté est la même, tout naturellement, et les procédés pour le rendre identiques), cette facilité réside en ceci, qu'il est rare qu'un même personnage ne reparaisse pas plusieurs fois sur la scène et qu'il ne donne ainsi l'occasion de faire, en plusieurs fois, le croquis de son costume dont vous compléterez les détails au fur et à mesure de ses réapparitions... Mais ne vous y fiez point et tâchez, dès qu'un acteur entre en scène, de le croquer, *type et costume*, aussi complètement que possible. S'il vous joue le mauvais tour de ne point reparaître, vous vous passerez de lui, ayant sur votre carnet des notes, peut-être incomplètes (vous les compléterez après) mais suffisantes... S'il revient, tant mieux, vous polirez alors votre croquis !

Agissez de même avec tous les personnages de la pièce ; notez leur nom, pour vous y retrouver au moment voulu, car vous ignorez, la plupart du temps, ce qui va se dérouler devant vous et, par conséquent, vous ne pouvez prévoir la scène que vous choisirez lorsqu'il s'agira de faire votre dessin définitif...

Il arrive parfois pourtant que la « scène à faire » est désignée à l'avance ; en ce cas, rien de mieux : ne vous reposez pas sur vos lauriers, mais, en attendant la fameuse scène, prenez vos croquis de décors, puisque vous en avez le loisir, et dès qu'apparaîtront les acteurs qui doivent jouer la susdite scène, faites vos croquis de types et costumes !... Si vous le pouvez, prenez note de leurs mouvements aussi exactement que possible, mais, si vous n'avez pas le temps de crayonner, notez-les seulement et tâchez de vous les graver dans l'esprit.

En dehors du théâtre, des cortèges, des grandes manœuvres, que d'actualités de tous genres n'est point appelé à rendre un dessinateur !

Nous le répétons, ces croquis sont les plus difficiles à faire et, du reste, ne sont guère entrepris que par des « virtuoses » ou, s'ils le sont par des inexpérimentés, ceux-ci n'interprètent que de fort loin (quand ils l'interprètent quelque peu), ce qu'ils ont vu ; mais c'est une excellente étude, une gymnastique fort utile, et lorsqu'on est arrivé à bien faire des croquis de ce genre, on peut les entreprendre tous.

Quant aux cadres dans lesquels se passent les scènes,

on s'en occupera lorsqu'on aura récolté tous ses autres renseignements; la scène n'est que passagère, le cadre reste; on a donc tout le temps, même après coup, de le dessiner, abstraction faite pourtant des décors de théâtre qu'il faudra dessiner en même temps que le reste, car la toile baissée... adieu le croquis!

Nous savons bien qu'on a souvent, pour les choses de théâtre, certaines commodités pour voir à l'avance les décors plantés ou en copier les maquettes chez les décorateurs; qu'on peut aussi pénétrer dans les coulisses pour prendre croquis des costumes, opération à laquelle se prêtent généralement avec obligeance leurs possesseurs; nous savons bien aussi qu'on peut être admis aux répétitions générales, ce qui permet de faire en plusieurs fois ses croquis, qui deviennent alors presque aisés, puisqu'ayant vu la pièce une fois, on a pu se fixer sur la scène qu'on désire représenter et ne faire que les croquis utiles. Mais tout ceci ne doit pas être pris comme règle, et mieux vaut s'habituer à prendre ses notes du premier coup, d'autant mieux que ce que nous disons là ne s'applique guère qu'au théâtre. Il est douteux en effet qu'on recommence une catastrophe, voire même des grandes manœuvres, pour permettre aux dessinateurs d'en prendre plus aisément les croquis.

Profitez de toutes les facilités, mais habituez-vous surtout à vous en passer... Qui peut le plus peut le moins!

§ 7.

Croquis entièrement sur nature, et ne demandant que quelques corrections ou *fignolage* chez soi.

Ceux-ci sont, à beaucoup près, les plus intéressants, les plus charmants à faire; peut-on rien trouver de plus agréable que d'être commodément installé sous son ombrelle, car ici l'ombrelle est indispensable et le pliant aussi, en pleine campagne ou en pleine forêt, au bord d'un ruisseau ou au milieu d'un sentier, ou d'avoir devant soi

Le vert tapis des prés et l'argent des fontaines..

On se sent libre, heureux, indépendant, on vit enfin, et on éprouve une des plus exquises jouissances qui se puisse rêver.

...Approchez-vous d'un artiste travaillant en plein air, vous le trouverez presque toujours sifflottant ou

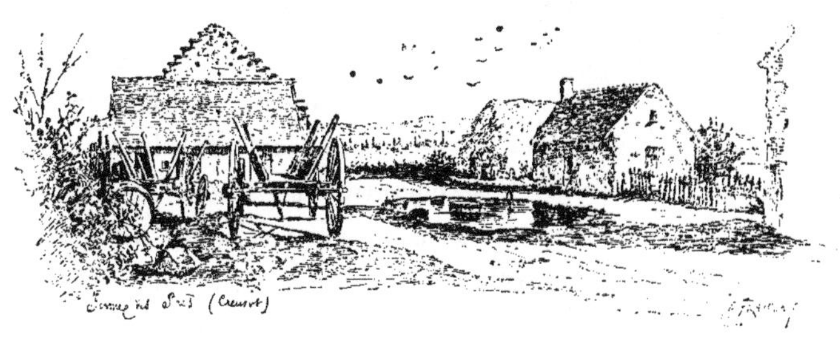

chantonnant, gai comme pinson et heureux de son sort... à moins que *cela ne vienne pas bien!...* Il y a alors des moments de chagrin, mais vite dissipés, car, avec un peu de persévérance, on arrive toujours, si l'on est consciencieux, à faire œuvre qui vaille.

Les croquis entièrement sur nature sont à peu près l'inverse de ceux auxquels a trait le chapitre précédent.

Il s'agit ici de croquis « terminés », alors que les autres sont à peine indiqués ; ceux-ci sont faits d'après sujets permettant de passer à la reproduction le temps voulu ; les autres, étant tout à fait passagers, ne permettent que des indications fort primitives, quelquefois incomplètes, et où la mémoire joue presque le rôle principal.

Les croquis entièrement sur nature et faits, soit au point de vue de la reproduction directement d'après ces croquis, soit pour être conservés comme on conserve une gravure ou un tableau, devront être complets comme rendu ; là point de notes ; l'effet qu'on veut rendre doit l'être sur nature, les détails qu'on y veut mettre doivent être faits d'après elle ; bref, pour ceux-ci, le terme « dessin » serait plus juste que celui de « croquis ».

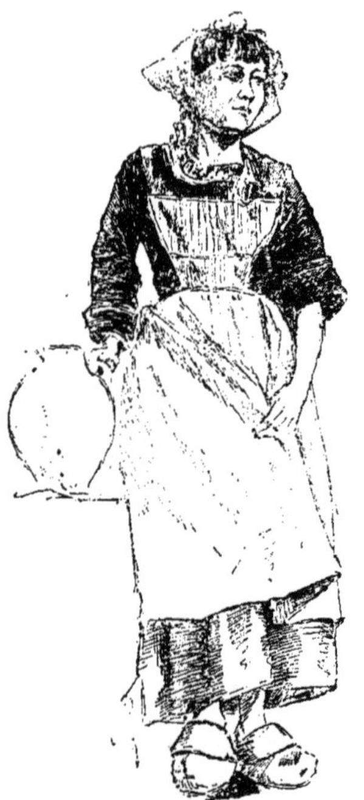

Il faut aller à coup sûr, par exemple, et bien savoir ce que l'on veut faire, être certain d'avance de l'effet qu'on veut rendre ; un dessin de ce genre peut être exécuté en plusieurs séances, à la condition de le reprendre à peu près aux mêmes heures et dans les mêmes conditions de lumière.

Si ces dessins sont traités au point de vue de la reproduction directe, vous les exécuterez par les procédés nécessités pour leur genre de reproduction.

Crayon, plume et lavis mélangés s'il s'agit de gravures sur bois. Plume sur bristol (conditions *sine quâ non* : encre très noire, papier très blanc) s'il s'agitde gillottage, ou, pour le même procédé, crayons Wolff sur papiers préparés gris ou blancs.

Nous nous adressons ici aux initiés, car nous ne pouvons nous étendre sur les différents modes de reproduction et la façon d'exécuter les dessins en vue de chacun d'eux : ceci nous ferait sortir du cadre dans lequel nous devons nous tenir, et demanderait une étude spéciale de chaque procédé séparément.

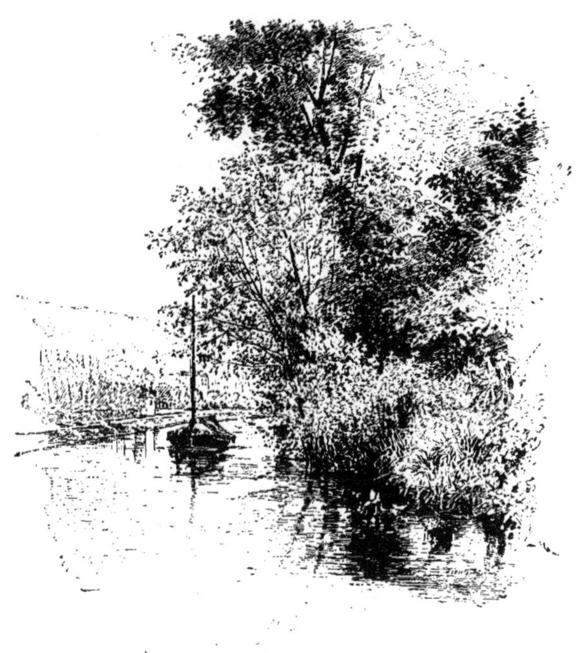

Il sera bon de terminer entièrement sur nature son dessin, lorsque faire se pourra, et ne retoucher chez soi que le moins possible ; ne se permettre que certains « fignolages » que l'installation toujours précaire que l'on peut se donner en plein champ (même lorsque cette installation est aussi complète que possible) ne vous aura pas permis de faire sur place ; mais prenez garde de vous laisser entraîner à alourdir votre dessin par surcharge de détails ou par trop de *fignolage* à domicile. L'excès en tout est un défaut !

Nous donnions le conseil de relever de quelques tons d'aquarelle les croquis de premier plan : fleurs, plantes, etc., pour avoir des documents aussi complets que possible ; ici nous vous engageons, lorsque les sujets s'y prêteront, à agir de même ; cela ajoutera un grand charme et donnera du piquant à vos croquis si vous savez, tout en y mettant des tons, en conserver la transparence ; nous ne parlons pas, bien entendu, des dessins destinés à la reproduction et qui demandent, eux, leur facture spéciale ; mais bien de ceux que vous ferez pour vous, par agrément ou pour votre seul plaisir, ce qui n'en exclut pas, du reste, le côté utile.

§ 8.

Croquis au trait. — Croquis de chic.

Il nous faut dire quelques mots des croquis d'un genre tout spécial : nous voulons parler des croquis humouristiques au trait. Ceux-ci sont, la plupart du temps, faits « *de chic* », c'est-à-dire sans l'aide d'aucun document ; ils sont presque toujours de pure imagination ; tout au moins ceux fort à la mode depuis quelque temps d'histoires sans légendes, ainsi que les fait avec tant de finesse, tant de brio notre ami Caran d'Ache, telles que celles racontées au crayon par le spirituel Courboin. C'est fait « de chic », disons-nous, oui ; mais ne vous y trompez pas, pour faire de chic de cette façon il faut avoir fait des myriades de croquis de toutes sortes d'après nature et s'être meublé la cervelle de tous les mouvements, de toutes les expressions possibles. Avec cela, être très observateur, un peu pince-sans-rire (dans la bonne acception du mot, s'entend), voir les choses du côté drôle (souvent même quand elles ne le sont pas). Souvent pourtant, les dessins dont nous parlons, certains sont désopilants, sont faits d'après des croquis sérieux quelquefois, mais inversés du côté drolatique : interprétation en comique d'une chose sérieuse.

Il faut avoir une nature et une façon de voir toutes spéciales pour se permettre ce genre de dessins qui n'ont vraiment de valeur que lorsque l'artiste qui les exécute en a une lui-même ; pour être bien, ils ne demandent pas seulement beaucoup de sel (quelquefois un peu de poivre), il faut qu'ils soient bien dessinés et très justes de mouvements et d'expressions, sinon on est à côté... et c'est si triste que de vouloir être drôle et rater son effet !

Nous parlions de choses observées : parcourez les nombreux dessins au trait avec légendes, ceux-ci, de Léonce Petit ; cela peut paraître un peu enfantin d'allures, un peu naïf de façon de faire, et c'est pourtant plein de poésie champêtre, et si vrai, si vu, si vécu.

Certes il a dû en faire des croquis d'après nature, ce bon Léonce Petit, et des quantités encore ! Dans un genre tout autre, regardez les rutilantes compositions de Jules Chéret ; là, la fantaisie, le brio jouent le grand rôle. Soyez sûr qu'il a dessiné et redessiné d'après nature, l'aimable artiste, et que ce sont ses études préalables qui lui permettent toutes les fantaisies semées à foison, les pages spirituelles et toujours si brillantes d'effet que vous connaissez aussi bien que nous. Le mouvement, l'expression, la couleur, tout y est, que ce soit croquis ou œuvre faite.

Il est des artistes possédant de remarquable façon le don de refaire « de chic » (puisque c'est le mot adopté) ce qu'ils ont vu ; ils gardent, gravés dans la mémoire, les allures, les mouvements, les formes, les traits des individus, quelquefois entrevus seulement, et certains d'entre eux vous feront, fort ressemblant, le portrait d'un absent.

C'est presque toujours une faculté naturelle, cela ; d'aucuns possèdent la mémoire des formes comme d'autres celle des chiffres ! nous croyons cependant qu'il est possible d'acquérir, suffisamment au moins pour jeter convenablement une première esquisse, la faculté de dessiner « de chic »... Mais il faut, pour ce, s'exercer beaucoup et ce n'est qu'à la longue, et à force de faire, qu'on y arrive ; le moyen le meilleur est, croyons-nous, celui-ci : dessiner une vue, un objet, une personne d'après nature, puis, sans avoir sous les yeux ce premier dessin, refaire de mémoire ce que tout d'abord on a étudié sur nature ; au bout d'un certain temps on arrivera à convenablement crayonner les choses vues sans les avoir sous les yeux. Mais, nous le répétons, cette façon de faire ne peut servir à des dessins un peu sérieux et ne convient guère qu'au genre humouristique ou pour émailler de croquis sans prétention les feuillets d'un album, les marges d'un livre.

Si, pour peu qu'on soit le moins du monde expérimenté, on *sent* fort bien le « chic » dans un croquis, on *ressent* aussi fort bien la nature dans un autre ; dans celui-ci, vous retrouverez toujours, quelque imparfait qu'il soit, une impression de vrai que plus rarement vous rencontrerez dans celui-là. Faites donc d'après nature tant et plus, vous ne pourrez qu'y gagner ; en faisant constamment « de chic », vous risquez fort d'y perdre.

CHAPITRE V

UTILISATION DES CROQUIS

Savoir prendre des croquis, c'est fort bien, savoir les utiliser est mieux.

Nous parlons ici de ceux pris surtout comme documents; de notes glanées de droite et de gauche, croquis dont nous parlions dans un des précédents chapitres, où nous disions de ne rien laisser échapper, lorsqu'on a sur soi son crayon et son album. Tout est utile, en effet, et la moindre indication, fût-ce d'une brindille, d'un outil ou d'un pan de mur, trouvera, à un moment donné, son emploi. Nous le répétons, plus vous serez riches en croquis et plus il vous sera facile, à un moment donné, de parfaire une composition; souvent même vos croquis vous aideront à en trouver l'idée première.

Si vous êtes à court d'imagination, alors que vous aurez un dessin à exécuter, fouillez dans vos albums et souvent une note sans importance, quelques traits vivement tracés, un coin de paysage, un pan d'architecture, un mouvement d'individu saisi au passage, vous donneront matière à développements et vous aideront souvent à trouver la composition cherchée.

Vous tomberez en arrêt devant un motif de premier plan, une branche de fleurs ou une étude d'arbre : voilà un motif trouvé. Il vous faut un fond ? feuilletez vos notes; ici vous retrouverez une amusante silhouette de village qui pourra vous faire un lointain charmant, là vous aurez crayonné un vieux donjon ou un moulin, un dessous de bois ou un bord de rivière qui s'agence-

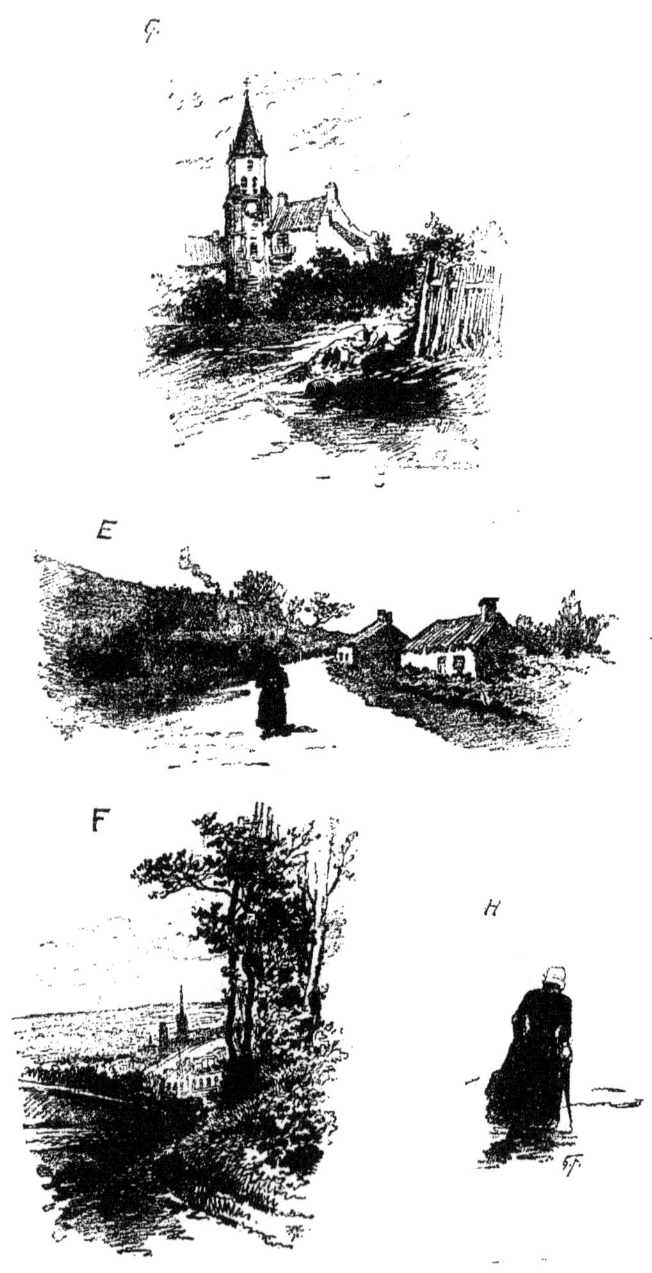
G
E
F
H

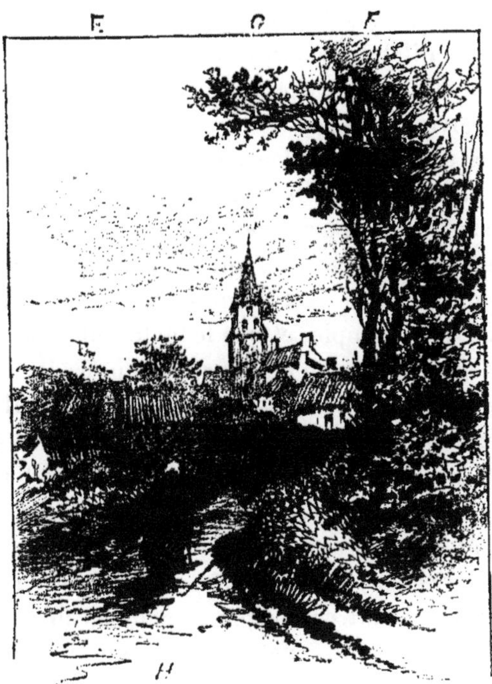

COMPOSITION EXÉCUTÉE D'APRÈS LES CROQUIS DE LA PAGE 66.

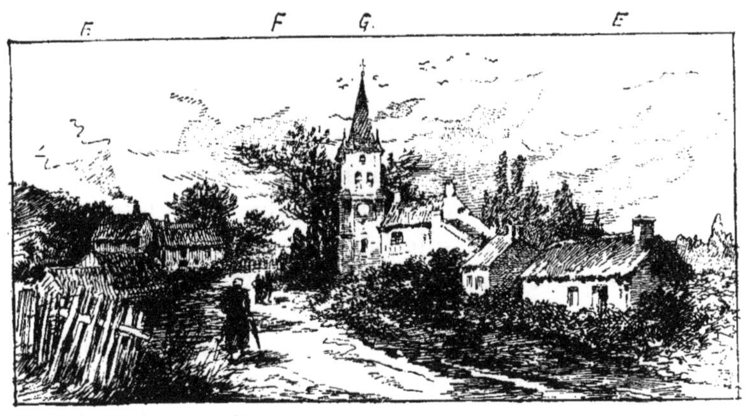

COMPOSITION DIFFÉRENTE EXÉCUTÉE D'APRÈS LES MÊMES DOCUMENTS.

ront admirablement avec le premier plan que vous aurez choisi. Feuilletez encore, vous découvrirez certainement quelque silhouette de personnage qui viendra compléter votre œuvre.

Nous parlons ici, bien entendu, de dessins dont les sujets ne sont point désignés d'avance, et où toutes les fantaisies, tous les arrangements sont permis.

Il est évident que s'il s'agit d'un sujet « indiqué », du cadre duquel il ne faut point sortir, si l'on illustre un volume, par exemple, et que le texte soit là pour décrire « la scène à faire » on ne pourra pas procéder tout à fait de même façon, et il faudra trouver dans ses albums les éléments pour parfaire la scène indiquée... et pourtant (étant donné qu'un même sujet se peut traiter de cent façons) on pourra souvent, dans ses croquis, trouver l'idée première d'une composition.

Qu'il s'agisse, par exemple, d'une scène rustique : paysans au travail, campagnarde se dirigeant vers l'église ou allant à la ville, effet du matin ou effet du soir; si vous avez suivi notre conseil et que vous ayez « un peu de tout » dans vos albums, vous y trouverez dix, vingt vues de paysages qui serviront de cadre à la scène que vous voulez rendre; vous aurez crayonné des paysans dans une foule de positions. Des croquis d'églises? vous en découvrirez plus qu'il ne vous en faudra, et comme vous aurez également, dans vos pérégrinations, esquissé au passage force campagnardes, vous aurez les éléments complets de votre sujet. A vous maintenant de l'agencer d'amusante manière; à vous à trouver l'effet qui le fera valoir.

S'il s'agit de dessins décoratifs, parcourez vos croquis de fleurs, de plantes, de premier plan; revoyez les dessins que vous aurez faits d'après des motifs d'architecture; cherchez dans vos études d'arbres, en prenant un peu de l'un, un peu de l'autre, en mariant tel motif avec tel fragment, vous trouverez sûrement l'arrangement de votre page.

Lorsque l'on fait un dessin, on doit chercher d'abord ce que l'on veut faire « valoir » : si c'est le cadre ou l'action. Suivant que vous trouverez « plus amusant » le personnage que vous comptez camper que le paysage dans lequel il se meut, ou que le second vous paraîtra plus intéressant que le premier, sacrifiez l'un aux dépens de l'autre. Avec les mêmes documents vous pouvez faire une foule de compositions; les éléments dont vous vous servirez pourront être les mêmes, les rendus tout différents (figures, pages 66 et 67).

Que la scène se passe à la ville ou à la campagne, dans les champs ou dans les bois, la façon de s'y prendre est identique.

La même aussi pour les scènes à effet. Prenons, si vous le voulez, un orage, une tempête : c'est d'abord une étude de nuages qu'il vous faut trouver. Vous en aurez certainement dans vos croquis, ceux-ci fussent-ils succincts et pris par le procédé que nous indiquons dans un des premiers chapitres (procédé consistant en lettres ou en numéros équivalents aux gradations de tons), ils vous suffiront grandement. L'orage éclate-t-il dans la campagne? cherchez un paysage dont les silhouettes tourmentées rentreront bien dans le caractère de la scène que vous voulez rendre; au besoin prenez partie d'un croquis et partie de l'autre pour obtenir l'ensemble désiré.

Le narrateur dont vous illustrez le texte est-il assez impitoyable pour avoir laissé des personnages surpris par l'orage qu'il décrit? Vous trouverez sûrement, en cherchant un peu, des allures qui, au besoin modifiées un peu, conviendront à de pauvres diables trempés jusqu'aux os.

Est-ce sur mer que se déchaîne la tempête? voyez vos études de marine; cherchez parmi les bateaux dont vous aurez croqué mâtures et carènes, parcourez vos études de vagues et de rochers; et vous aurez de quoi faire dix tempêtes au lieu d'une.

Il est évident que nous nous adressons ici à ceux qui ont déjà par devers eux une collection respectable de documents; ce n'est point en un jour ni même en un mois qu'on peut rassembler la quantité d'éléments suffisants pour se permettre de traiter tous les sujets, ou à peu près; ce n'est qu'à force de patience, en dessinant, dessinant toujours, qu'on arrive à se faire un bagage suffisant, bagage bien précieux, véritable fortune qu'on ne céderait pour rien au monde, car on ne le refait pas deux fois, et maints artistes préfèrent offrir une composition que de se démunir du moindre croquis. Ils ont grandement raison, les notes sur nature, si imparfaites soient-elles, ont toujours une valeur énorme pour celui qui les a prises. Qui sait s'il aura occasion de revoir certains endroits où il aura rencontré les coins pittoresques ou typiques fixés sur ses albums, s'il reverra certaines allures dont il aura pris la synthèse?

Il est un point très important : savoir employer ses documents sans les user; un même croquis peut servir bien des fois, si l'on est habile. Il faut s'inspirer de ses croquis, les interpréter, mais non les copier servilement; puiser à droite et à gauche, agencer un coin pris ici avec un autre pris là.

Ayez soin de « fixer » vos croquis : ceci pour les crayons et les fusains; vous serez certain, ainsi, de les conserver indéfiniment. Rien n'est plus simple en vaporisant sur les dessins, du fixatif Duroziez.

Il est très important d'adopter un certain ordre de classement, qui, à un moment donné, peut faire ga-

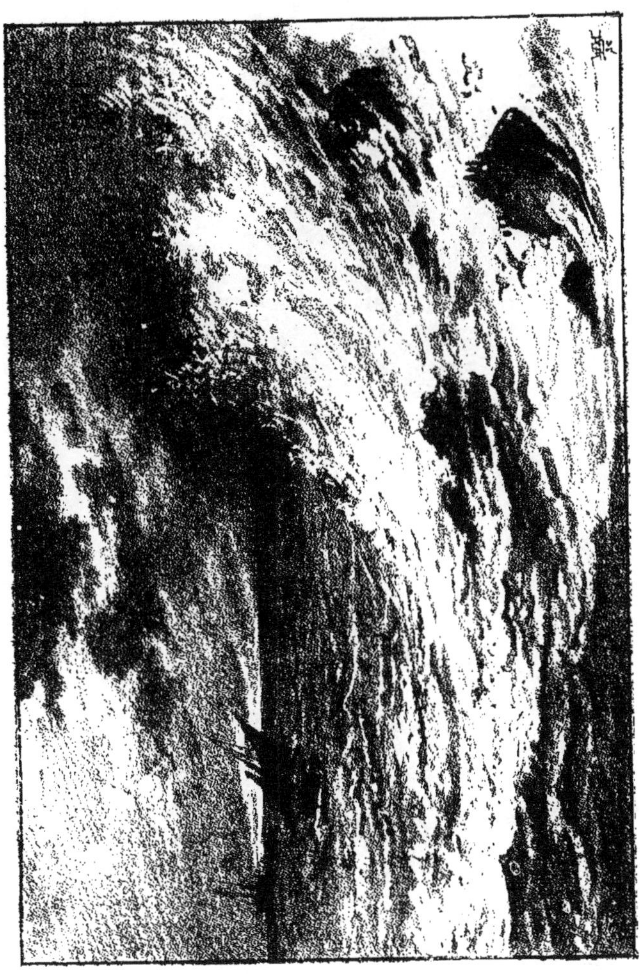

gner beaucoup de temps. Ne point laisser pêle-mêle les croquis de fleurs, d'animaux, d'architecture, etc., etc.,

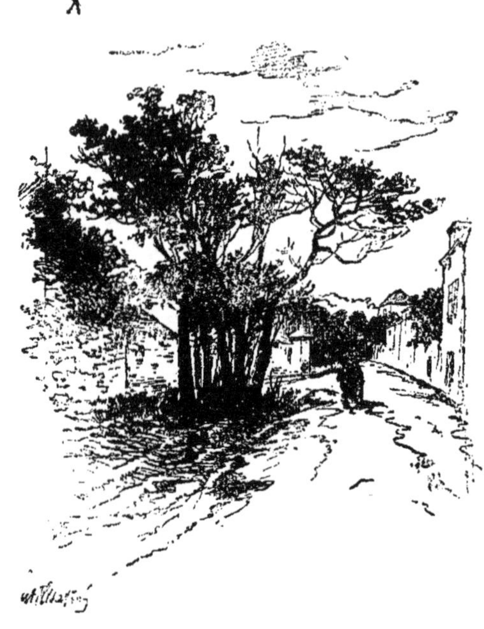

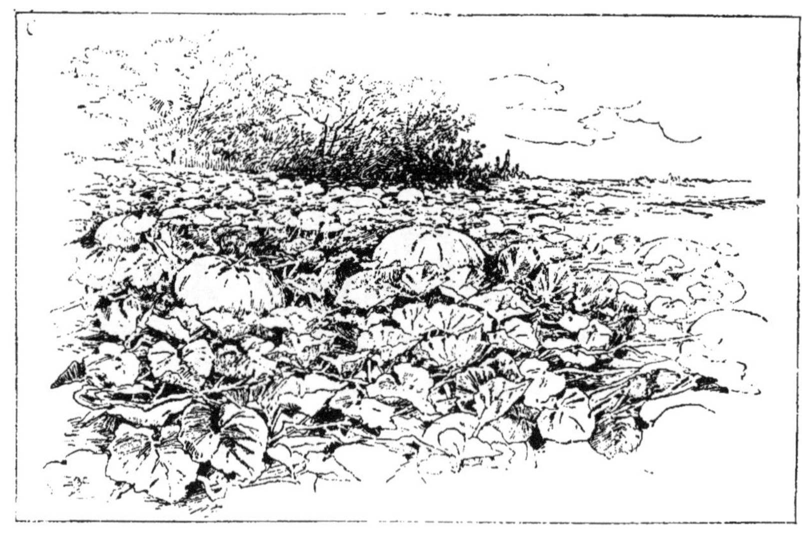

mais les ranger, à peu près par catégories : les fleurs d'une part, l'architecture de l'autre, etc. Dans tel album ou tel carton, le paysage ; dans tel autre les personnages. Ceci peut paraître difficile de prime abord, puisque,

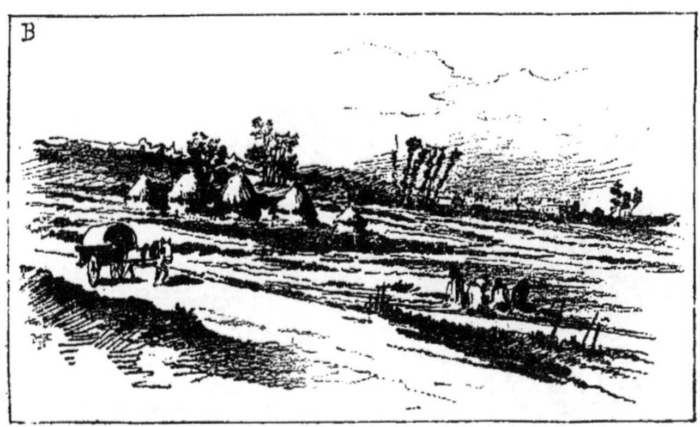

n'emportant avec soi qu'un album, celui-ci est destiné à recevoir au hasard tout ce qui se présentera sous le crayon, bêtes ou gens, marines ou paysages ; aussi n'est-ce qu'après coup et lorsqu'on a rassemblé un certain nombre d'éléments qu'il faut tâcher de les mettre en ordre de façon à pouvoir rapidement les consulter : il est facile de détacher d'un album tout ce qui est d'un genre et de le

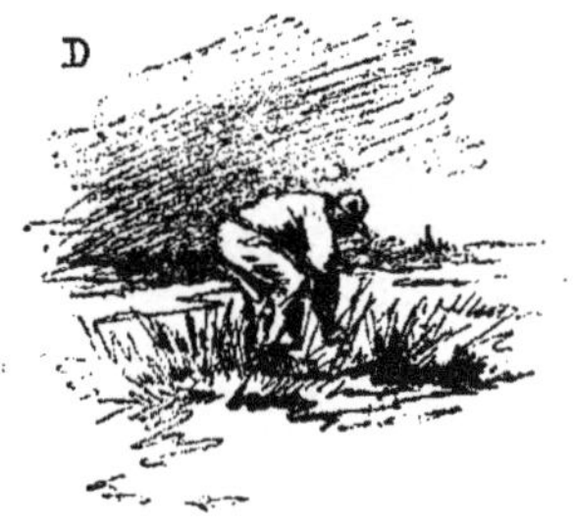

classer dans un autre, ou de garder, placés dans des cartons, ses croquis en feuillets détachés.

Si vous faites des excursions ou des voyages, arrangez vos albums par localités. Le but à atteindre est de

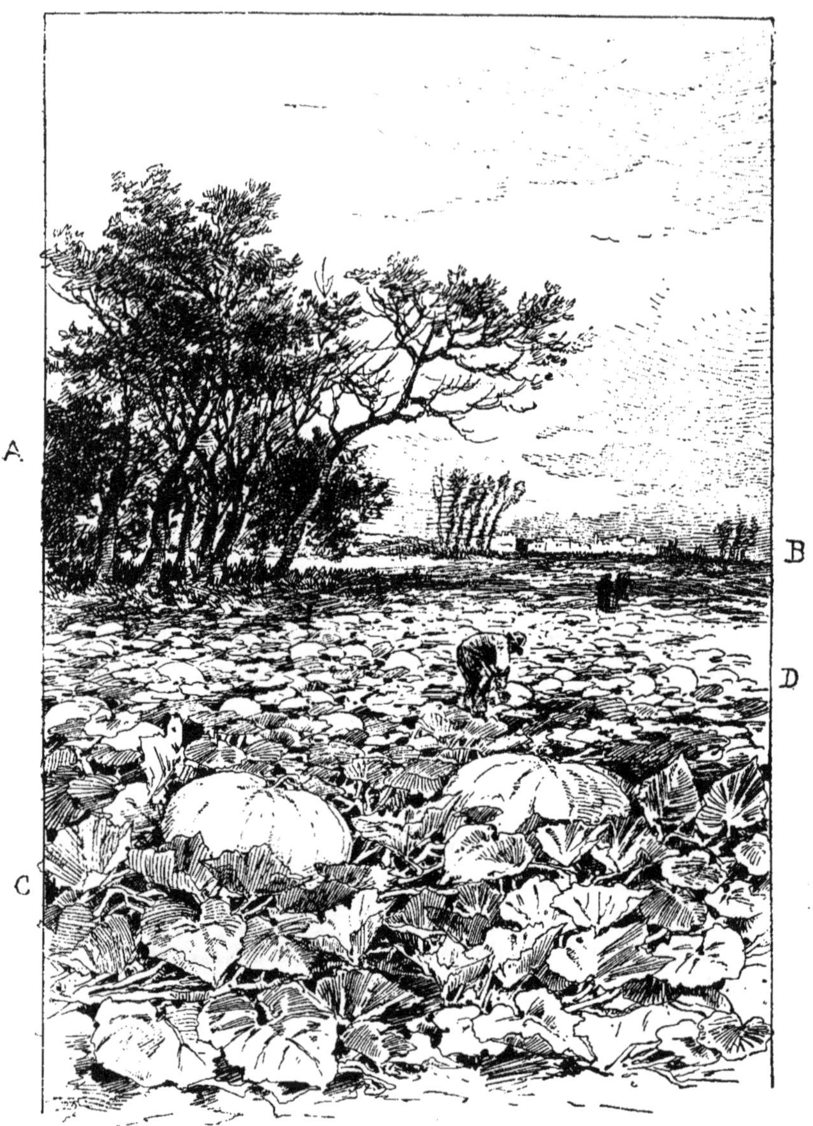

COMPOSITION EXÉCUTÉE D'APRÈS DES CROQUIS PRIS EN DIFFÉRENTS ENDROITS
(Voir croquis, pages 72 et 73).

faciliter et d'abréger le plus possible les recherches : à vous de classer vos notes et vos dessins de façon à pouvoir retrouver vivement les motifs dont vous aurez besoin, pour n'avoir pas, chaque fois qu'il vous faudra un document, à fouiller dans tous vos papiers ce qui deviendrait une perte de temps considérable.

Si l'on ne cherche, en prenant des croquis, qu'une distraction, qu'un agrément ; si l'on n'a d'autre but que de conserver le souvenir d'endroits qui ont charmé, de scènes qui ont frappé ou d'effets qui ont surpris, raisons déjà bien suffisantes pour y prendre goût, c'est différent : il suffit alors de chercher dans le croquis « l'amusant » non « l'utile », de faire seulement ce qui plaît non ce qui pourrait servir. En parlant de l'utilisation des croquis, nous nous adressons à ceux qui dessinent non seulement par goût mais par profession ; aux artistes, non aux amateurs dont les dessins peuvent être charmants, mais n'ont d'autre destination que celle d'être mis en albums ou en cartons pour être montrés aux amis ou feuilletés par eux-mêmes.

CHAPITRE VI

ENCORE QUELQUES CONSEILS

Si vous trouvant aux prises avec un dessin à faire, vous n'avez pas sous la main les documents suffisants, si vous avez été ou trop négligent ou trop peu prévoyant pour former le stock d'éléments nécessaires à vos travaux à venir ; si, en un mot, vous êtes pauvre en notes et en croquis, vous n'avez qu'un parti à prendre : mettez votre chapeau et allez demander à la nature l'inspiration qui vous fait défaut ou les motifs qui vous manquent.

Que de peu de chose souvent découle toute une composition, tout un ensemble! De même qu'en fouillant vos albums, le moindre croquis vous fera souvent trouver le sujet cherché en vain, de même, sur nature, la chose la plus futile, l'incident le plus minime peuvent être le point de départ de toute une œuvre ; telle chose qui n'a aucune corrélation apparente avec le sujet à la poursuite duquel vous vous êtes mis, vous fait trouver l'idée que vous cherchez de manière tout à fait inattendue. Combien de tableaux n'ont-ils pas été inspirés par des scènes vues sans être cherchées?

Lorsque, le papier devant vous, le fusain à la main, vous cherchez une esquisse; lorsque, après avoir tourné et retourné en tous sens la feuille immaculée qui l'attend, l'inspiration ne vient point; lorsque dix fois, vingt fois, vous avez en vain essayé d'ébaucher votre sujet et que lassé, découragé et tenace pourtant, vous voulez quand même faire sortir de votre cerveau une idée qui souvent n'y est pas, alors, croyez-moi, ne persistez pas, sortez de chez vous, allez au grand air, cela vous rafraîchira d'abord et fera peut-être naître l'idée que vous poursuiviez en vain. Tandis que seul, livré à vous-même, sans documents pris sur le vif, la pensée ne germe pas, et si le jour où l'imagination est rétive vous indiquez une ébauche *mal venue* vous risquez fort de tourner dans le même cercle et de n'en pouvoir sortir à votre honneur, cette première ébauche sera suivie d'une autre point meilleure (souvent plus mauvaise), et plus vous irez, moins « cela ira ».

Quel est l'artiste qui n'a pas eu des jours de désespérance, des jours où il se trouvait tout à fait incapable de faire œuvre qui vaille, où tout ce qu'il traçait était ridicule, absurde, des jours où il se demandait sérieusement s'il ne devenait pas imbécile?

Ces jours-là, ne persistez pas à vouloir trouver quand même, vous perdriez votre temps, vous saliriez inutilement vos feuillets et la fin de la journée venue vous n'aurez rien fait. Il est vrai que comme compensation vous serez moulu, brisé, bien plus que si vous aviez fourni, sans désemparer, dix heures de production.

Ces jours-là, nous le répétons : « Allez vous promener »; il vous faut un dérivatif, vous le trouverez au dehors, que vous soyez à la ville ou à la campagne; les moments de découragement que vous éprouviez chez vous se dissiperont comme par enchantement et vous serez étonné, quand vous réintégrerez votre atelier, de vous trouver alerte, frais et dispos, et tout prêt à vous remettre au travail avec un nouvel entrain.

Faut-il risquer maintenant quelques conseils hygiéniques?

D'abord se munir toujours de vêtements chauds et être solidement chaussé; le froid a vite fait de vous prendre lorsqu'on reste immobile, même quand la température est douce, et dame! il est fort peu agréable de rapporter chez soi, outre ses croquis, un coryza ou une grippe ; gare les coups de soleil et gare l'humidité surtout; si, par amour de l'art, vous vous installez dans l'herbe mouillée, méfiez-vous des rhumatismes et des maux de dents! Restez en place le moins possible, et si votre croquis est long à faire, interrompez-vous de temps à autre et marchez pour vous réchauffer. Si vous êtes au bord d'un étang, n'y restez pas une fois que le soleil commence à descendre, les brouillards qui s'élèvent sont fort malsains ; l'heure de déguerpir sera, du reste, sonnée par messieurs les moustiques qui font leur apparition à ce moment-là et vous avertiront par leur bourdonnement qu'il est prudent de plier bagage ; ne croyez point pourtant que ce soit de leur part pure amabilité et garez-vous d'eux, et de leurs congénères, tout autant que de l'humidité et des coups de soleil. Ayez toujours, pour ce, un flacon d'alcali par devers vous : c'est prudent et trop de précautions ne sauraient nuire.

CONCLUSION

Nous avons cherché à être aussi clair que possible et à indiquer de notre mieux les façons de procéder pour faire des croquis et les utiliser ; heureux serons-nous si nous avons pu aider quelque peu ceux qui, n'ayant jamais essayé, ne savaient trop comment s'y prendre ; nous serons surtout enchanté si nous avons pu faire naître chez quelques-uns l'envie d'essayer de rendre par le crayon, la plume ou le pinceau, ce qu'ils auront sous les yeux. Dessiner est non seulement agréable, non seulement amusant, mais si utile !

Vous qui crayonnez quelque peu n'avez-vous pas souvent, dans la vie usuelle, eu l'occasion d'apprécier la nécessité du dessin ? Que de fois trois cous de crayon abrègent une longue dissertation !

Vous avez vu un objet, un meuble, une maison, vous voulez en faire comprendre les beautés ou les originalités, vous désirez, en un mot, les décrire. Vous aurez beau faire, quelque claires que soient les explications que vous en donnerez, quelque limpides que soient les descriptions que vous en ferez, vous n'arriverez point à faire saisir, à votre interlocuteur, la forme, le caractère de cet objet, de ce meuble, de cette maison... Pour peu que vous sachiez manier le crayon vous aurez vite fait de vous faire comprendre; deux minutes de croquis vaudront mieux que deux jours d'explications.

Supposez que, par impossible, vous vous trouviez en présence de quelqu'un ignorant absolument ce qu'est un rond, ne se rendant point compte du tout de ce qu'en peut être la forme; je vous défie bien, par explications, de la lui faire entrer dans la cervelle. Si vous avez été éloquent, vous lui en aurez « peut-être » donné une vague idée, mais évidemment la forme exacte ne se présentera pas à lui... Vite un crayon et point ne sera besoin d'en dire plus long.

Ce qui est vrai pour le rond l'est aussi pour tout le reste.

Parcourez un volume: quel que soit le talent de l'auteur, quel que soit son art à dépeindre, qu'il possède la palette littéraire d'un Théophile Gautier ou d'un Loti, il arrivera certes à vous donner par à peu près une impression des endroits où il vous conduit, mais il ne vous donnera point l'illusion d'une chose « vue »... Accompagnez son texte du plus mince croquis, vous aurez l'impression du lieu dépeint. C'est que, d'après une description, si exacte soit-elle du reste, l'imagination du lecteur joue un grand rôle, et tel endroit sera compris de telle façon par l'un qui le sera de façon absolument différente par un autre; un dessin appuyant la description et vous avez l'image de ce qu'a voulu vous faire voir l'auteur. Il en est de cela comme du portrait « narré » d'un individu.

Que de fois n'a-t-on point cherché à vous dépeindre telle ou telle personne de vous inconnue; trouvez-vous par la suite en présence de cette personne, il y a cent à parier que vous vous écrierez : « Tiens! je me la figurais tout autrement. »

Nous cherchons à faire ressortir l'utilité indéniable du croquis. Mais, à côté de l'utile, il y a l'agréable; cherchez un passe-temps plus ravissant que celui-là!... Que de gens qui ont en horreur la campagne, sous prétexte « qu'elle est monotone » et ne savent comment « y tuer le temps », changeraient d'avis s'ils dessinaient un peu! Il suffit de s'y mettre; les premiers croquis qu'on fera seront informes, ils renfermeront, la plupart du temps, dix fois, vingt fois trop de choses, seront pleins d'imperfections, de fautes de dessin ou de perspective; petit à petit on se corrige, on élimine, on simplifie et on est étonné, pour peu qu'on travaille sérieusement et que l'on soit tenace surtout, des progrès qu'on obtient. Il en est du croquis comme de tout le reste :

C'est en forgeant qu'on devient forgeron.

TABLE DES MATIÈRES

INTRODUCTION VII

CHAPITRE Ier. — Outillage 1

— II. — Conseils pratiques 5

— III. — Façon de prendre un croquis 9

— IV. — Du genre des croquis 21

§ 1er. Croquis succincts 22

§ 2. Croquis plus détaillés d'ensemble ou partiels 27

§ 3. Croquis de personnages ou d'animaux. 29

§ 4. Croquis très détaillés 37

§ 5. Croquis d'objets divers 44

§ 6. Croquis d'ensemble 51

§ 7. Croquis entièrement sur nature 58

§ 8. Croquis au frait. — Croquis de chic... 62

— V. — Utilisation des croquis 65

— VI. — Encore quelques conseils 75

CONCLUSION 78

1676-92. — CORBEIL. Imprimerie CRÉTÉ.

NOUVEAUTÉ | **NOUVEAUTÉ**

RECUEILS DE MODÈLES

CROQUIS d'après les MAITRES

POUR SERVIR DE MODÈLES

AUX TRAVAUX ARTISTIQUES

Dessinés et classés par L. LIBONIS

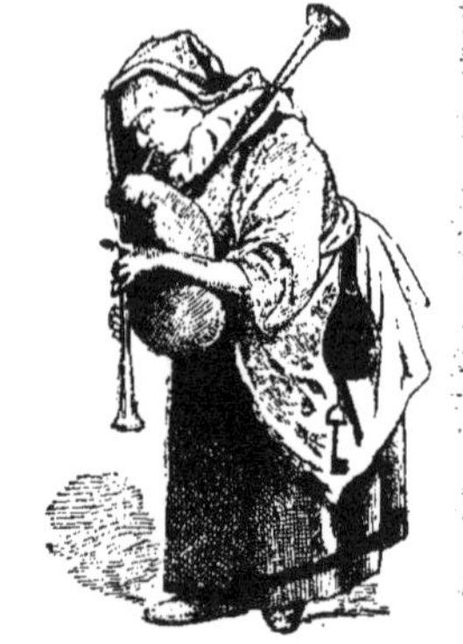

D'APRÈS JAN VAN STEEN.

Première Série

FIGURE — SUJETS RELIGIEUX — SCÈNES DE GENRE
TYPES, ETC.

PANNEAU DE NILSON.

Deuxième Série

ORNEMENT
STYLE — DÉCORATION

Troisième Série

PAYSAGE — ANIMAUX — FLEURS
MARINE — NATURE MORTE

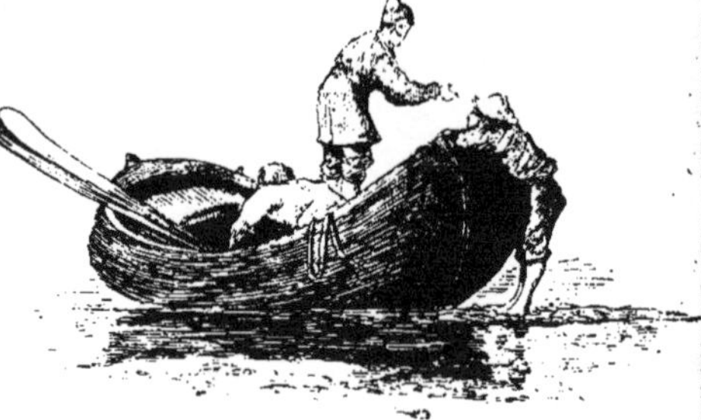

D'APRÈS VAN DE VELDE.

Chaque série forme un album contenant 100 sujets tirés en teintes.

Chaque album.................. 6 fr.

Ces albums sont une source inépuisable d'idées inspirées par les meilleurs et les plus grands maîtres. Les amateurs y trouveront des éléments précieux pour leur faciliter l'exécution de leurs travaux. La scène qui égaiera un paysage, le sujet Watteau à placer sur un éventail, le lansquenet à mettre sur une plaque de faïence ou d'émail, etc., tout s'y trouve.

ENVOI FRANCO CONTRE MANDAT-POSTE.

ENSEIGNEMENT PRATIQUE DES BEAUX-ARTS

Ouvrages de KARL-ROBERT

Chaque volume avec nombreuses gravures.

Broché, 6 *fr.; Relié,* 8 *fr.*

AQUARELLE-PAYSAGE (Traité pratique complet et illustré sur l'étude de l'). Leçons illustrées et écrites d'après Allongé, Cicéri, etc. 4e édition, revue et augmentée. 1 vol. in-8.

AQUARELLE-FIGURE (l'). Portrait et genre. 1 vol. in-8.

ENLUMINURE DES LIVRES D'HEURES (Traité pratique de l'). Missels, canons d'autels, images pieuses et gravures. 1 vol. in-4.

FUSAIN SANS MAITRE (le). Traité pratique et complet sur l'étude du paysage au fusain, d'après Allongé, Appian, Lalanne, Lhermitte, etc. Nouvelle édition. 1 vol. in 8.

GRAVURE A L'EAU-FORTE (Traité pratique de la). 1 vol. in-8.

MODELAGE ET SCULPTURE (Traité pratique de), avec renseignements sur le moulage, l'exécution en terre, marbre, terre cuite. 1 vol. in-8.

PASTEL (le). Traité pratique et complet, comprenant la figure et le portrait, le paysage et la nature morte. 1 vol. in-8.

PEINTURE A L'HUILE. Paysage (Traité pratique de la). Nouvelle édition revue et augmentée. 1 vol. in-8.

PEINTURE A L'HUILE. Portrait et genre (Traité pratique de la). 1 vol. in-8.

PHOTOGRAPHIE (la). Aide du paysagiste ou photographie des peintres; résumé pratique des connaissances nécessaires pour exécuter la photographie artistique, paysage, portrait. 1 vol. in-8.

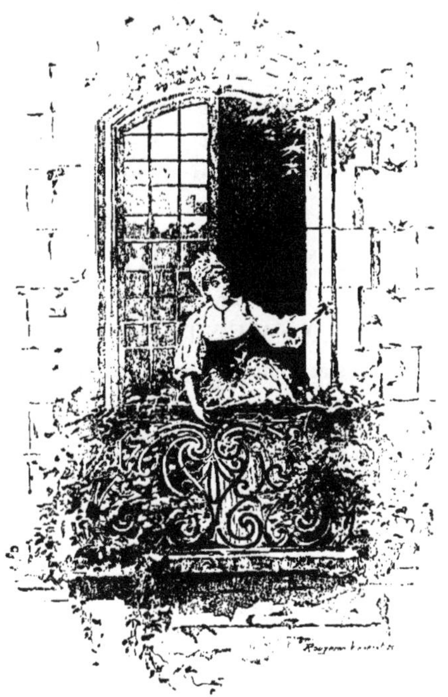

LINDER. — A LA FENÊTRE.
(Extrait de *l'Aquarelle-Figure.*)

AQUARELLE-PAYSAGE (l'). Abrégé.. 1 fr. 50

FUSAIN SUR FAIENCE (le). Petit guide de peintures vitrifiables en grisaille. 1 vol. in-8 avec gravures.. 2 fr.

ENVOI FRANCO CONTRE MANDAT-POSTE.

L'ART DE PRENDRE UN CROQUIS ET DE L'UTILISER

Par G. FRAIPONT
Professeur à la Légion d'honneur.

1 vol. in-8 avec 50 dessins de l'auteur.. 2 fr.

LE CROQUIS DE ROUTE ET LA POCHADE A L'AQUAREL

Par KARL-ROBERT

1 vol. in-8 avec nombreux croquis et planche en couleurs................. 2

Ces deux volumes ne font pas double emploi, l'un s'adresse à ceux qui manient le crayon, l'autre à ceux qui tiquent l'aquarelle.

THÉ LOUIS XV

Décoré genre Saxe

Par L. LIBONIS

Suite de planches-modèles dont 4 en teintes et une en couleurs, sous élégante couverture........................... 6 fr.

Nous avons fait pour le service à thé (dont le modèle existe en porcelaine blanche) des patrons analogues à ceux que fait une couturière pour une toilette. Les quatre planches en teinte exécutées dans la dimension des pièces du service : théière et couvercle, sucrier et couvercle, pot à lait, soucoupe et tasse, serviront à calquer ou reporter le trait par un poncis, tandis que la planche en couleurs donnera les teintes exactes, le modelé et l'effet pour chaque pièce.

L'ART D'ENTRETENIR LES PLANTES ET FLEURS D'APPARTEME

ET DE LES FAIRE SERVIR

A LA DÉCORATION DE L'INTÉRIEUR

Par Mme L. ROUSSEAU

1 vol. in-18 illustré.................... 2

Savoir soigner les fleurs et les plantes est beauc mais ce n'est pas tout; aussi l'auteur indique en d'une façon précise la manière de les utiliser le jour d réception, d'un dîner, dans le salon, sur la table, etc., Grâce à ce petit livre, on apprendra à dresser une cork de fleurs ou de fruits, à faire un bouquet de corsag un mot, à jouir des fleurs, ce grand luxe actuel. O prendra aussi bien à disposer un reposoir le jour Fête-Dieu, qu'à utiliser les fleurs dans les fêtes monda

FLEURS NATURELLES ET ORNEMENTALES

Dessinées et composées par E. GUILLOT

1 album de 16 planches en couleurs.... 4 fr.

Les fleurs les plus artistiques et les plus répandues figurent dans cet album. A côté de la fleur reproduite à son état naturel, M. Guillot donne les transformations que l'art et l'industrie font subir à cette même fleur pour l'utiliser dans l'enluminure, l'architecture, la bijouterie, etc., etc.

L'ART DE FAIRE UN VITRA

Par L. OTTIN
Professeur à la Ville de Paris.

1 vol. in-8 avec nombreuses gravures et planche en couleurs.................

Avec ce petit manuel tout le monde pourra faire a artistique, depuis le vitrail dont le charme réside da simple et heureuse disposition des verres de couleur qu'aux vitraux les plus riches et les plus difficiles.

LE LIVRE DU BOURGEOIS-CAMPAGNAR

OU

Manuel des occupations, travaux et plaisirs de la campagne

Par RIS-PAQUOT

1 vol. in-8 avec 350 gravures. Broché... 6 fr. — Relié... 7 fr.

Tous les renseignements que peut désirer une personne appelée à vivre à la campagne, concernant l'habitatio jardinage, la culture, la ferme, la basse-cour, les animaux, la chasse, la pêche, etc., etc., se trouvent dans ce li C'est une petite encyclopédie des choses rurales, on y trouve la façon de greffer les arbres, celle de faire un from à la crème, celle de soigner un chien, de dresser un cheval aussi bien que celle de préparer soi-même un feu d'arti

ENVOI FRANCO CONTRE MANDAT-POSTE.

1843-92. — Corbeil. Imp. C

ENSEIGNEMENT PRATIQUE DES BEAUX-ARTS

Ouvrages de KARL-ROBERT

Chaque volume avec nombreuses gravures.

Broché, 6 fr.; Relié, 8 fr.

AQUARELLE-PAYSAGE (Traité pratique complet et illustré sur l'étude de... Leçons illustrées et écrites d'après ALLONGÉ, CICÉRI, etc. 4e édition, revue et augmentée. 1 vol. in-8.

AQUARELLE-FIGURE (L'). Portrait et genre. 1 vol. in-8.

ENLUMINURE DES LIVRES D'HEURES (TRAITÉ PRATIQUE DE L'). Missels, cartes d'autels, images pieuses et gravures. 1 vol. in-4.

FUSAIN SANS MAITRE (LE). Traité pratique et complet sur l'étude du paysage au fusain, d'après ALLONGÉ, APPIAN, LALANNE, LHERMITTE, etc. Nouvelle édition. 1 vol. in 8.

GRAVURE A L'EAU-FORTE (TRAITÉ PRATIQUE DE LA). 1 vol. in-8.

MODELAGE ET SCULPTURE (TRAITÉ PRATIQUE DE), avec renseignements sur le moulage, l'exécution en terre, marbre, terre cuite. 1 vol. in-8.

PASTEL (LE). Traité pratique et complet, comprenant la figure et le portrait, le paysage et la nature morte. 1 vol. in-8.

PEINTURE A L'HUILE. Paysage (TRAITÉ PRATIQUE DE LA). Nouvelle édition revue et augmentée. 1 vol. in-8.

PEINTURE A L'HUILE. Portrait et genre (TRAITÉ PRATIQUE DE LA). 1 vol. in-8.

PHOTOGRAPHIE (LA). Aide du paysagiste ou photographie des peintres; résumé pratique des connaissances nécessaires pour exécuter la photographie artistique, paysage, portrait. 1 vol. in-8.

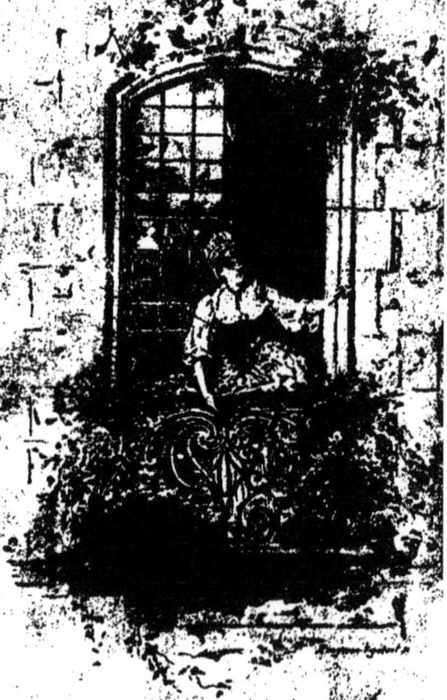

LINDER. — A LA FENÊTRE.
(Extrait de *l'Aquarelle-Figure*.)

AQUARELLE-PAYSAGE (L'). Abrégé.......................... 1

FUSAIN SUR FAIENCE (LE). Petit guide de peintures vitrifiables en grisaille. 1 in-8 avec gravures..........................

www.ingramcontent.com/pod-product-compliance
Ingram Content Group UK Ltd.
Pitfield, Milton Keynes, MK11 3LW, UK
UKHW021113260726
13994UKWH00002B/868

9 782329 453125